유럽풍 애착 솜인형 만들기

편집부

직접 만드는 봉제 인형! 디테일한 방법 설명

29가지 동물 인형 실물 크기 도안 수록

크루

들어가며

유럽 아이들은 어른들이 손수 만들어 주신, 세상에 단 하나뿐인 봉제 인형을 가지고 놀며 자랍니다. 부모에게서 아이로, 아이에게서 그 다음 세대로 이어져 내려가지요. 이 인형은 디자인이 다양하며 누구라도 쉽게 만들 수 있도록 고안되어 있습니다. 사랑스러운 인형은 소품으로도 손색없고 아이부터 어른까지 모두가 곁에 두는 것만으로도 마음을 치유 받는답니다.
자, 그럼 나만의 색깔을 담은 인형을 만들러 가볼까요!

* 방울솜 제공
일본 바이린 (아울스마마)
https://www.vilene.co.jp/

* MOCO 실 제공
후직스 https://www.fjx.co.jp/

contents

Rabbit

토끼

Back-style

부드러운 표정을 짓고 있는 토끼. 안쪽 귀에는 연한 분홍색 거즈를, 몸통은 꽃무늬 원단을 사용해 만들었다. 연보라색 오건디로 만든 점퍼스커트를 매치했다. 아이는 물론 어른들에게도 사랑받는 인형이다.

디자인 H&K / 제작 가네마루 가호리

만드는 방법 37쪽

Friendly Rabbit

사이 좋은 토끼

쌍둥이처럼 늘 옷을 맞춰 입는 사이. 같은 계열의 색깔로 통일한 모던한 무늬의 드레스가 돋보인다. 또 길쭉한 귀와 팔다리는 세련미를 풍긴다. 어떤 원단을 사용하느냐에 따라 컨트리 분위기도 연출할 수 있다.

디자인 · 제작 쇼지 교코 (솔레이유)

2

3

만드는 방법 40쪽

Mouse

생쥐

몸 전체를 회색의 촘촘한 코듀로이로 만든 꼬마 생쥐. 머리를 크게 하고 전체적으로 통통하고 동글동글한 느낌으로 만들어 깜찍함을 강조했다. 안쪽 귀에는 어두운 분홍색 원단을 사용했다. 레트로 분위기가 매력적이다.

디자인 H&K / 제작 가네마루 가호리

4

만드는 방법 43쪽

Back-style

5

stylish mouse

세련된 생쥐

Back-style

꽃무늬 드레스를 입은, 로큰롤 트위스트가 어울리는 세련된 생쥐. 밑단이 풍성하게 퍼지는 스커트의 실루엣을 비롯해 머리에 장식한 분홍색 꽃과 귀가 매력 포인트다. 분홍빛 볼 터치를 그리고 파티장으로 가 보자!

디자인 · 제작 하야시 요코 (SPOOL&QUILT)

만드는 방법 44쪽

Black cat Mame

검은 고양이 마메

Back-style

보호소에 있던 제가 엄마 집에 온 지도 벌써 6년. 오늘은 엄마가 저에게 빨간색이 잘 어울린다며 예쁜 원피스를 만들어 주었어요. 엉덩이에 펠릿을 넣어서 앉았을 때도 안정감이 있고, 멋진 포즈도 취할 수 있답니다!

디자인 · 제작 와쿠 아코 ('냥'의 바느질)

만드는 방법 48쪽

Three cats

고양이 삼남매

멋 내기를 좋아하는 큰누나는 오늘도 화사한 꽃무늬 드레스를 입었어요. 수영을 좋아하는 말괄량이 둘째 누나는 시원한 오렌지 무늬 드레스가 잘 어울리지요. 음악을 좋아하는 저는 펑크 느낌이 나는 호피 무늬로 기분을 내봤어요.

디자인 · 제작 하야시 요코 (SPOOL&QUILT)

만드는 방법 52쪽

7

Back-style

8

9

White dog

하얀 강아지

복슬복슬 하얀 털이 특징인 화이트 테리어. 가지런한 팬시 보아 원단을 사용해 만들면 진짜 털을 만지는 느낌을 줄 수 있다. 나도 모르게 쓰다듬게 되는 힐링 효과까지! 목에는 줄무늬 리본을 달아 깜찍하게 꾸몄다.

디자인 H&K / 제작 가네마루 가호리

10

Back-style

만드는 방법 54쪽

Lazy dog

느긋한 강아지

11

Back-style

외출 후 집에 돌아오면 기뻤던 일이나 고민을 털어놓게 되는 강아지 인형. 일방적으로 이야기를 늘어놓아도 언제나 느긋하게 들어주는 단짝 친구다. 들어준다는 사실만으로도 마음이 안정된다. 부드러운 촉감의 보아 원단을 사용해 만지기만 해도 힐링된다.

디자인 · 제작 쇼시 교코 (솔레이유)

만드는 방법 56 쪽

American Bear

아메리칸 베어

몸이 파란 나는 미국에서 태어났어요!

USA 코튼으로 만들어 세련된 인상을 주었다.
어린아이들도 편하게 손에 쥐고 놀 수 있도록 팔다리도 크게 벌려 만들었다.

디자인 · 제작 하야시 요코 (SPOOL&QUILT)

12

만드는 방법 59쪽

Country Bear

컨트리 베어

수염 자국과 줄무늬 팬츠가 돋보이는 아저씨 얼굴의 곰 인형. 따뜻한 색감을 사용했기 때문에 시골에 계신 할아버지 댁에 갔을 때처럼 마음이 편안해진다. 와플과 보아 원단으로 만든 몸의 촉감도 아주 부드러워 자꾸 만지고 싶어진다.

디자인 · 제작 사토 노리코 (퀼트 룸 구닌)

Back-style

13

만드는 방법 61쪽

Squirrel

다람쥐

14

날렵한 눈매를 가진 새침데기 다람쥐 소녀. 오늘은 따뜻한 느낌의 타탄체크 옷을 입고 나무 열매를 따러 갈 예정이다. 큼지막한 꼬리는 미모의 상징! 집을 나서기 전에는 뒷모습을 확인하는 것도 빼먹지 않는다.

디자인 · 제작 지비 로빈

만드는 방법 64쪽

Back-Style

Monkey

원숭이

15

팔다리보다 꼬리가 훨씬 기다란 원숭이. 나무 타기 선수이지만 나무에 대롱대롱 매달리거나 나무 위에서 낮잠 자는 것을 더욱 좋아한다. 쿠션이나 침대 옆에 두면 함께 있는 것만으로도 행복한 기분이 든다.

디자인 · 제작 사토 노리코 (퀼트 룸 구닌)

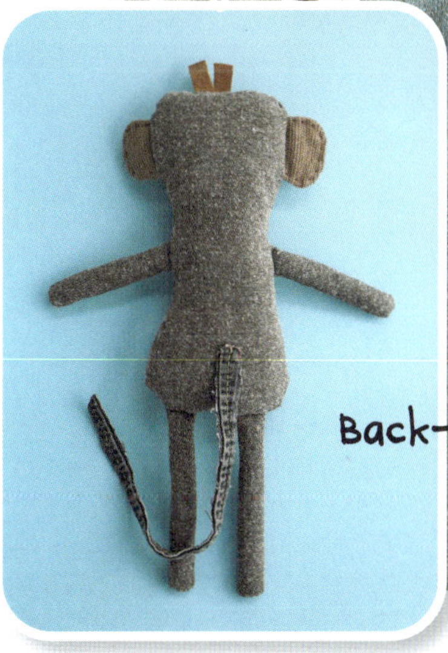

만드는 방법 67쪽

A couple of foxes

여우 커플

16

Back-style

17

미국에서는 여우를 매력적이라는 뜻으로 사용한다. 두 여우에 서로 다른 색깔로 옷을 만들어 입히면 멋진 커플 탄생! 이솝우화에 등장하는 여우는 조금 약삭빠르고 실수도 하지만, 왠지 미워할 수 없는 사랑스러운 동물이다.

디자인 · 제작 하야시 요코 (SPOOL&QUILT)

만드는 방법 70쪽

Pig

돼지

예쁜 것을 좋아하는 돼지. 투명한 분홍빛 피부가 가장 큰 자랑거리다. 안쪽 귀에 같은 계열 색상의 깅엄 체크 원단을 사용하면 훨씬 세련된 느낌을 줄 수 있다. 돼지의 꼬부라진 꼬리는 둥근 매듭을 지어 표현했다.

디자인 H&K / 제작 가네마루 가호리

18

만드는 방법 74쪽

Elephant

코끼리

힘이 세고 덩치가 큰 코끼리를 귀엽게 연출했다. 평평한 모양이라 큼지막하게 만들면 아이들 베개로도 활용할 수 있다. 귀를 꽃무늬 원단으로 만들기만 해도 회색 코끼리를 화려하고 깜찍하게 변신시킬 수 있다.

다자인 H&K / 제작 가네마루 가호리

19

만드는 방법 76쪽

Lion

사자

20

'맹수의 왕 사자' 하면, 용감하고 용기 있는 모습을 떠올리기 마련이다. 얼굴 주변의 갈기는 몸통과 같은 원단의 프릴을 이중으로 만들어 나타냈다. 여기에 자수실을 사용해 수염 자국을 수놓으면 다정한 수컷 사자가 완성된다.

디자인 · 제작 하야시 요코 (SPOOL&QUILT)

만드는 방법 78쪽

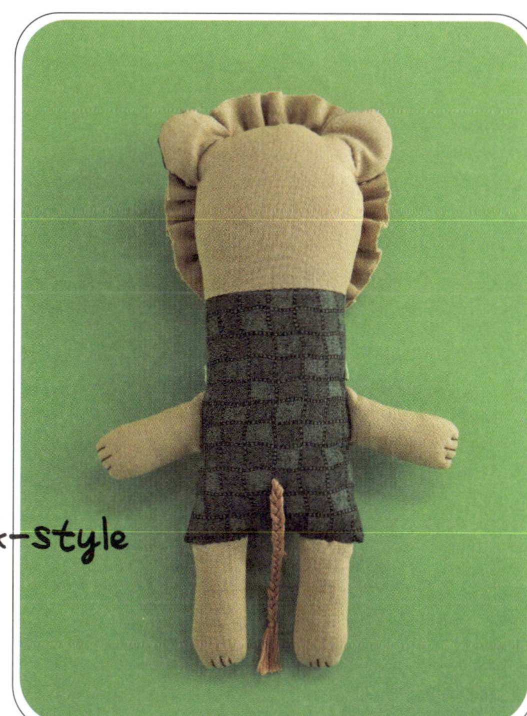

Back-style

Alpaca

알파카

남아메리카대륙의 북부 고원지대에 서식하는 알파카는 털이 복슬복슬하고 매우 포근하다. 낙타과에 속해 목이 긴 것이 특징이다. 펠트지에 근사한 수를 놓아 만든 안장이 포인트.

디자인 H&K / 제작 가네마루 가호리

21

만드는 방법 81쪽

Donkey

당나귀

북미에서는 어린이 책에 자주 등장해 친숙한 당나귀. 작은 덩치에 비해 힘이 세고 일을 잘 할 것 같은 인상이다. 몸은 두꺼운 울 원단으로 만들었고, 등에는 티롤리안 테이프를 사용해 만든 빨간 안장을 얹었다.

디자인 · 제작 지비 로빈

22

만드는 방법 83쪽

Hedgehog parent and child

엄마 고슴도치와 아기 고슴도치

등에 난 지그재그 모양을 보면 고슴도치의 특징인 가시가 떠오른다. 엄마 고슴도치의 등은 진한 갈색, 아기 고슴도치의 등은 캐러멜색 울 원단으로 만들었다. 부드러운 배 부분은 부들부들한 코듀로이를 사용했다.

디자인 · 제작 지비 로빈

24

23

만드는 방법 86쪽

23

Back-style

24

Frog

개구리

25

개구리는 알을 많이 낳고 앞으로만 뛸 수 있다. 그래서 자손 번영과 직업 운 상승 같은 행운의 의미를 가지고 있다. 그중에서도 사진 속 청개구리는 밝은 느낌이며 인테리어 소품으로도 활용할 수 있다. 무지 원단과 줄무늬 니트 원단을 사용해 만들었다.

디자인 H&K / 제작 가네마루 가호리

만드는 방법 89쪽

Whale parent and child

엄마 고래와 아기 고래

26

Back-style

27

바다 생물 중에서도 인기가 많은 고래. 드넓은 바다를 유유히 헤엄치는 역동적인 모습과 플랑크톤을 주식으로 삼는 반전 매력에 누구나 빠져든다. 입안은 도트 무늬 원단을, 배 쪽은 같은 색상의 줄무늬 원단을 사용해 만들었다.

디자인 H&K / 제작 시부사와 후사코

만드는 방법 91쪽

Penguin parent and child

아빠 펭귄과 아기 펭귄

28

29

펭귄 부부는 아기에 대한 애정이 가득하다. 엄마 펭귄이 알을 낳으면 아빠 펭귄은 약 3개월 동안 아무것도 먹지 않고 알을 소중하게 품어 부화시킨다.
폭신폭신한 깃털 부분은 기모 소재로 표현했고, 노란색 부리와 발에는 솜을 채워 입체감을 주었다.

디자인 · 제작 쇼지 교코 (솔레이유)

만드는 방법 95쪽

Back-style

28

29

필요한 재료와 기초 지식

이 책에 나오는 봉제 인형을 만들 때 필요한 재료와 포인트를 소개합니다!

재료 >>> 원단

보아 · 페이크 퍼
폴리에스터 등 신축성이 있는 원단으로 털이 있다. 폭신폭신한 인형을 만들고 싶을 때 사용한다.

저지
면이나 폴리에스터 등 신축성이 있는 원단. 티셔츠를 이용해 만들 수도 있다.

면 · 마
무지, 체크무늬, 프린트 등이 있다.

코듀로이
골이 있는 기모 원단으로 주로 면이 많다. 골이 세로로 오게 해 사용한다.

>>> 채우는 재료

방울솜
제공 : 일본 바이린
(아울스마마)

방울 형태로 된 폴리에스터 솜. 미세한 부분도 깔끔하게 채울 수 있다. 몸통에 채우면 폭신폭신하고 부드러운 느낌으로 완성된다.

구름솜

덩어리진 형태의 폴리에스터 솜. 손으로 찢고 풀어서 채워 넣는다. 크기가 큰 봉제 인형에는 이 솜이 적합하다.

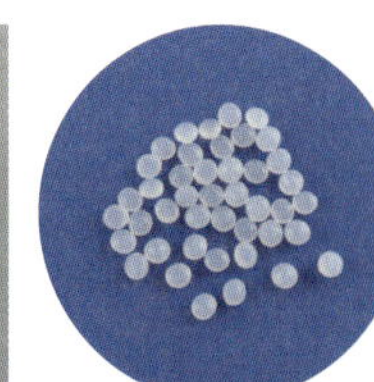

펠릿

수지를 입자 형태로 만든 것으로, 무게 중심을 잡기 위해 사용한다. 봉제 인형의 경우 몸통 아래와 발끝에 부분적으로 넣어 앉은 자세가 유지되도록 한다.

>>> 자수실

C 제공 : 후직스

A 25번 자수실
여섯 가닥의 가는 실을 합친 것으로, 그중에서 필요한 가닥 만큼('0가닥'이라고 기재) 뽑아 사용한다.

B 5번 자수실
꼬임이 들어간 굵은 실로, 한 가닥을 그대로 사용한다. 5번 외에 8번 자수실도 있다.

C MOCO
복슬복슬한 질감의 손바느질 실.

>>> 단추, 비즈

눈이나 코를 표현하거나 손을 몸통에 달 때 사용한다.

>>> 테이프, 리본끈

목에 두르거나 옷에 다는 장식으로 사용한다.

기초 지식

· 도안 옮겨 그리는 방법

이 책에 실린 도안 위에 트레이싱지를 올리고 연필 등을 사용해 옮겨 그린 뒤, 선을 따라 자른다. 도안이 겹치는 부분이나 위에 올라가는 부위는 다른 종이에 옮겨 그린다.

도안의 화살표는 식서 방향(원단의 세로올 방향)을 나타낸다. 화살표 방향과 원단의 세로 방향을 맞춰야 하므로 화살표도 잊지 말고 옮겨 그린다.

크기가 큰 인형의 도안은 부위가 두 개로 나뉘어 있다. 도안의 ☆ 표시에 맞춰 이은 뒤 옮겨 그려 한 장의 도안으로 만든다.

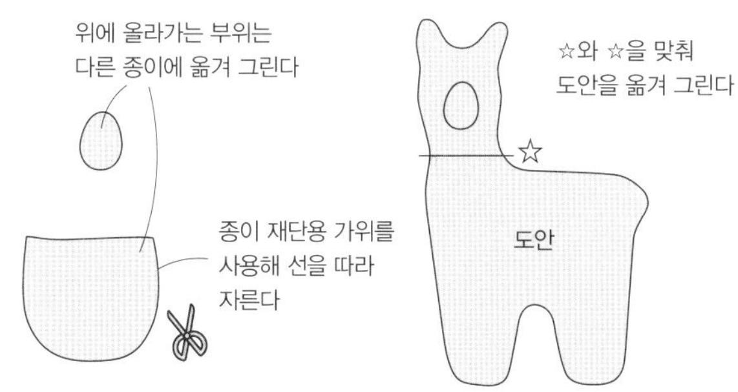

· 시접과 가위집

좌우대칭이 아닌 인형의 경우, 한 장은 도안을 뒤집어 옮겨 그린다. **도안에 시접은 포함되어 있지 않으므로 시접을 사방 1cm씩 두고 재단한다.** 원단 안면에 도안을 올리고 시침핀으로 군데군데를 고정한다. 완성선(바느질선)과 시접선(재단선)을 초크펜으로 그린다. 원단 재단용 가위를 사용해 재단선을 따라 자른다.

원단을 겉끼리 맞대고 재봉틀로 박거나 꼼꼼하게 손바느질한다. 창구멍은 반드시 되돌아박기 해야 한다. 손바느질의 경우, 작은 부위나 가위집을 낼 곡선 부분은 더 촘촘하게 바느질한다. 시접은 0.5~0.7cm 남기고 잘라낸다. 곡선 부분이나 각진 부분에 가위집을 내면 원단을 겉으로 뒤집었을 때 원단이 울지 않는다.

※ 손바느질 방법은 36쪽을 참고

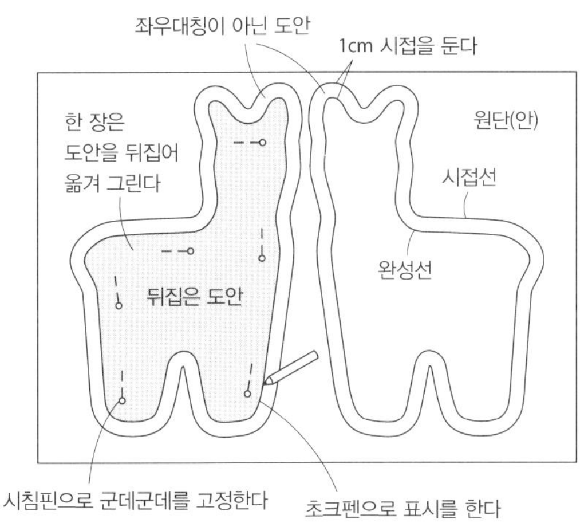

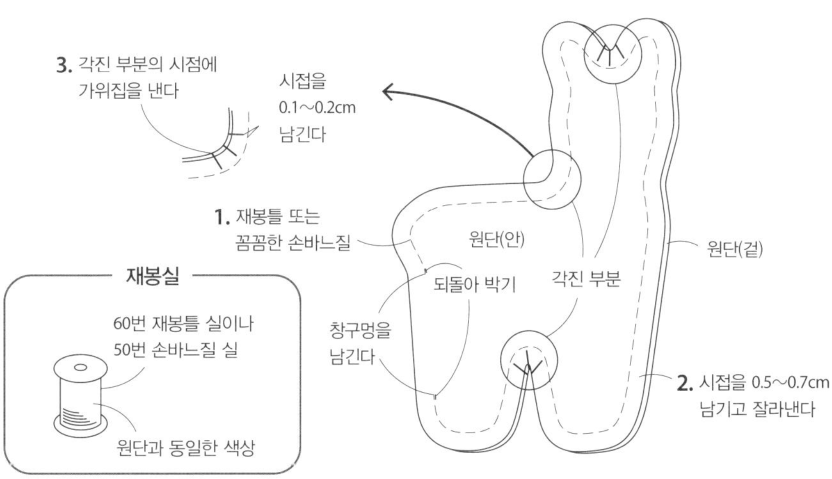

· 솜, 펠릿 채우는 방법

솜을 채우기 전에 겉으로 뒤집은 부위를 깔끔하게 정리한다.

송곳 등을 사용해 세밀한 부분을 빼내고, 원단이 상하지 않게 주의하며 다리미로 다린다.

긴 젓가락 등을 사용해 끝부분부터 솜을 넣은 뒤 몸통에 솜을 채운다.

창구멍은 공그르기로 막는다.

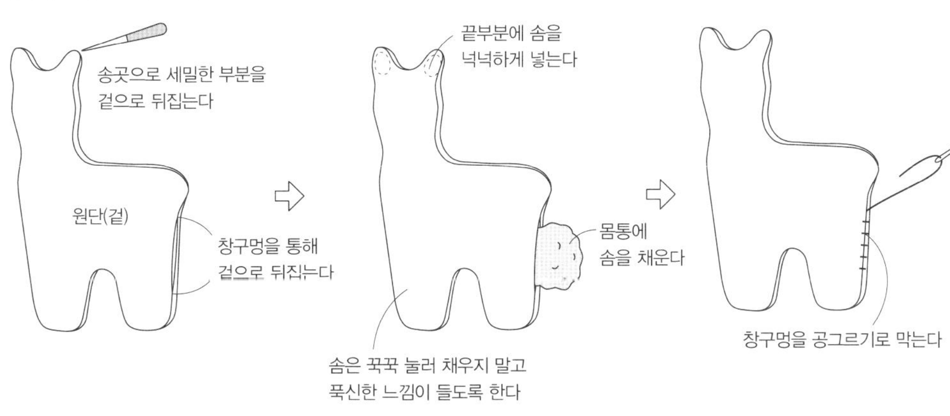

펠릿 채우는 방법

펠릿은 알갱이 형태이므로 스푼을 사용해 넣으면 편리하다. 인형에 바로 넣어도 되지만, 티백 주머니 등 작은 봉지에 펠릿을 넣은 뒤 인형에 넣으면 펠릿이 바늘땀 사이로 흘러나오는 것을 방지할 수 있다.

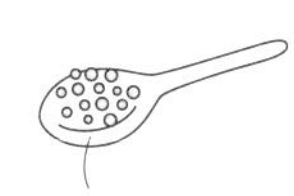

스푼으로 뜨면 편리하다

· 팔과 다리 만드는 방법

부위 두 장을 겉끼리 맞대고 재봉틀이나 손바느질로 바느질한다.
시접은 너무 길지 않게 자른다.

겉으로 뒤집은 후 긴 젓가락 등을 사용해 끝부분까지 솜을 채운다.
몸통에 임시로 고정하기 전에 시접을 바느질해 솜이 흘러나오지 않도록 한다.

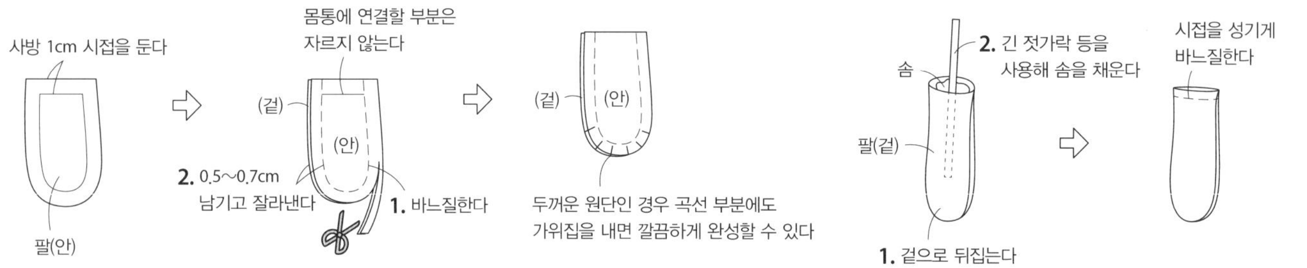

· 얼굴 만드는 방법

얼굴은 수를 놓거나 단추 등을 사용해 만든다. 몸통에 직접 수를 놓는 경우는 몸통을 바느질하기 전에, 작은 부위에 수를 놓는 경우는 원단을 큼직하게 잘라 수를 놓은 뒤에 필요 없는 부분을 잘라내면 편하다.
별도의 부위를 감침질할 때는 시침질로 임시 고정하거나 본드를 얇게 발라두면 바느질하기 쉽다.

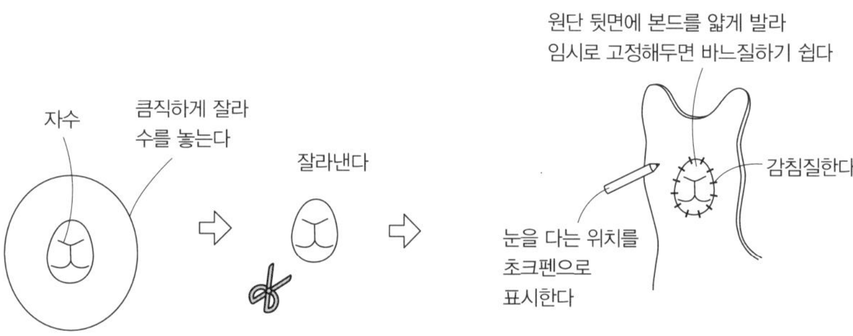

눈에 단추를 달거나 자수 놓기

단추를 달 때는 단추 아래에 가려질 정도로 작은 매듭을 만든 뒤 바느질한다.
인형을 완성하고 나서 얼굴에 수를 놓을 때는 옆선의 바늘땀 등, 눈에 띄지 않는 곳으로 바늘을 꽂은 다음 실을 세게 당겨 매듭을 인형 몸속으로 넣는다.

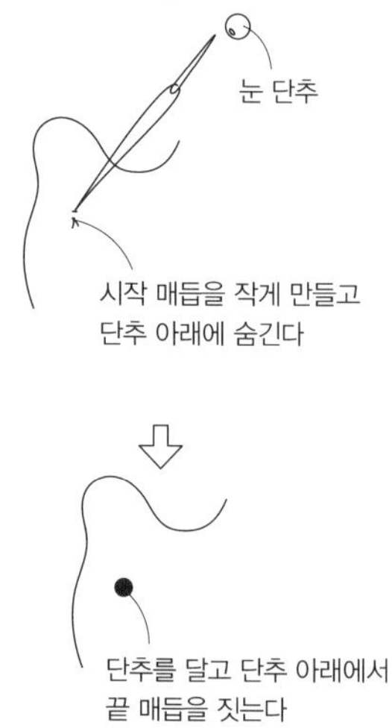

· 자수 방법

도안에 적힌 'S'는 스티치를 의미한다.

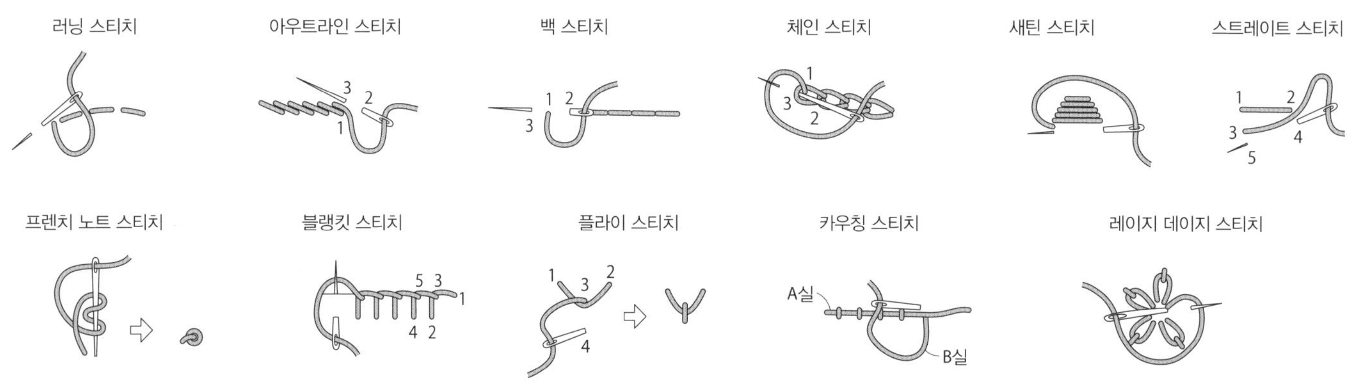

· 바느질 방법

홈질은 원단 두 장을 합칠 때, 수직 감침질은 아플리케를 할 때, 감침질은 펠트를 바느질할 때 그리고 공그르기는 창구멍을 막을 때 사용하는 방법이다.

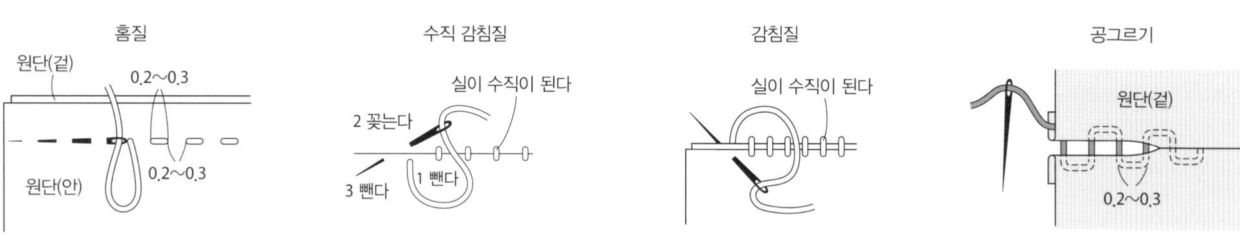

No. 1 토끼

재료

- A원단 (아이보리색 무지 면/머리, 바깥쪽 귀, 팔, 다리) 40cm 폭 15cm
- B원단 (꽃무늬 면/몸통) 20cm 폭 15cm
- C원단 (분홍색 무지 거즈/안쪽 귀) 10cm 폭 10cm
- D원단 (연한 보라색 오건디/스커트) 26cm 폭 13cm
- 리본끈 (폭 0.4cm · 연한 보라색) 60cm
- 단추 (지름 1.2cm · 연한 보라색) 두 개
- 25번 자수실 (갈색)
- 방울솜 적당량

※ 자수 방법은 36쪽 참고
※ 몸통에 바늘을 관통시켜 팔을 바느질하므로 긴 바늘을 사용한다
※ 스커트에 끈을 달 때 재봉틀을 사용하기 어렵다면 손바느질로 감침질한다
※ 몸통에 솜을 넣은 뒤에 수를 놓아도 상관없다
※ 실물 크기 도안은 39페이지

만드는 방법

1. 머리와 몸통을 바느질한다

2. 다리를 바느질하고 솜을 채운다

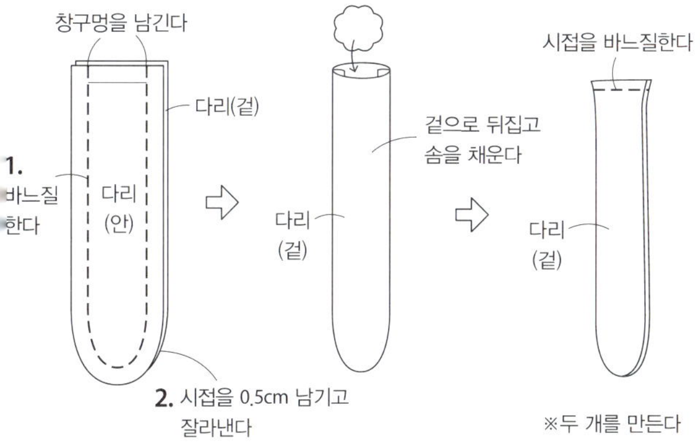

3. 귀를 바느질한다

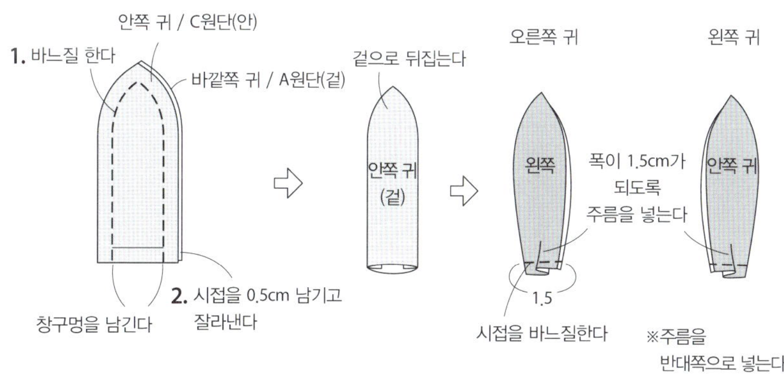

4. 팔을 바느질하고 솜을 채운다

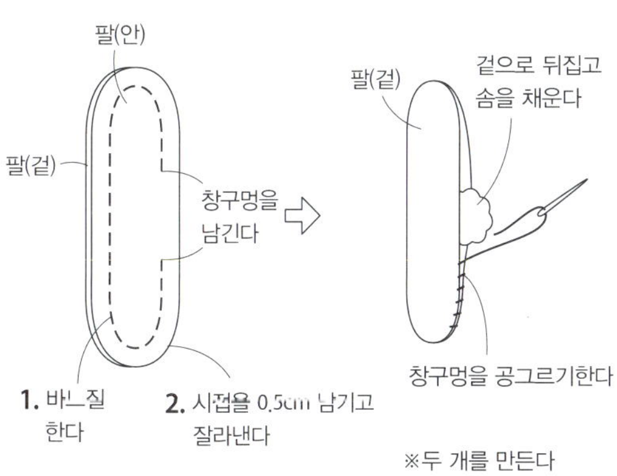

5. 귀와 다리를 임시로 고정한다

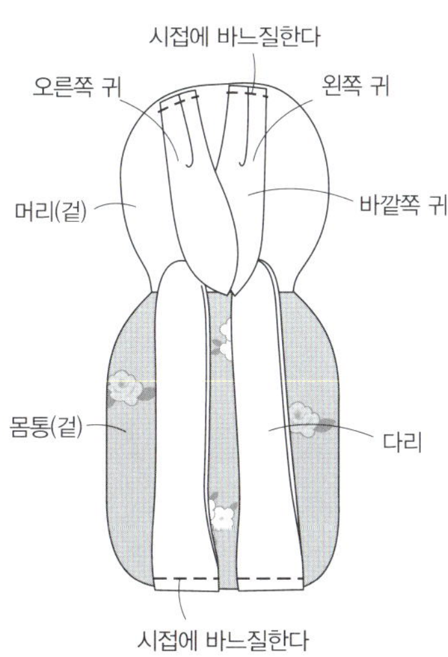

6. 나머지 몸통 한 장을 합친 뒤 가장자리를 바느질한다

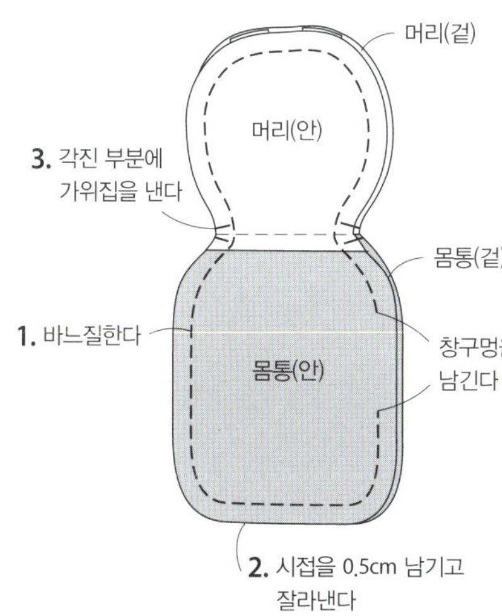

7. 겉으로 뒤집고 솜을 채운다

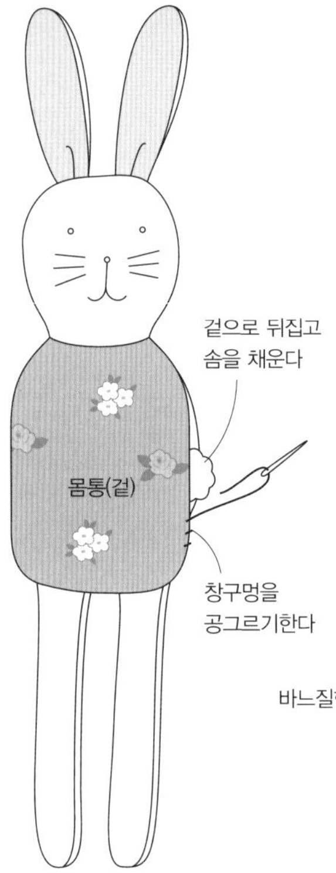

8. 스커트 위와 아래를 두 번 접어 바느질한다

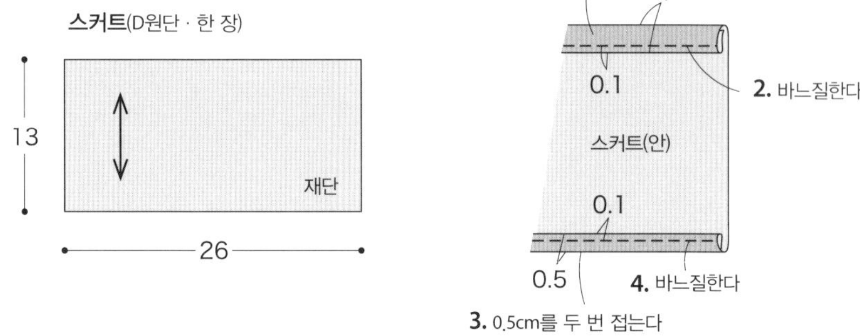

9. 옆선을 시접에서 바느질한다

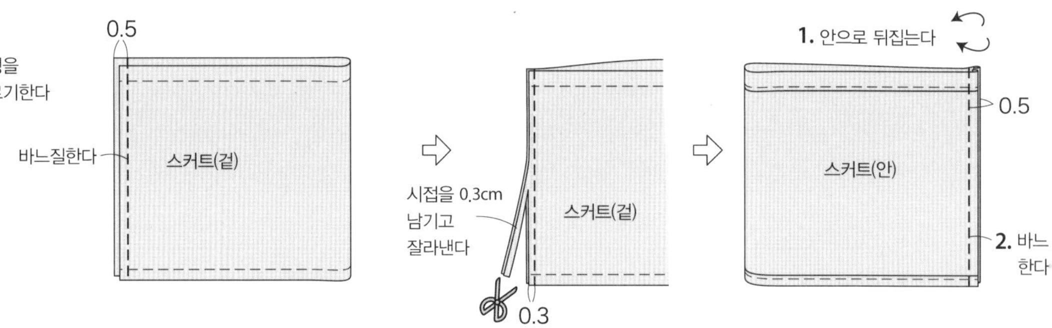

10. 스커트를 촘촘하게 홈질한다

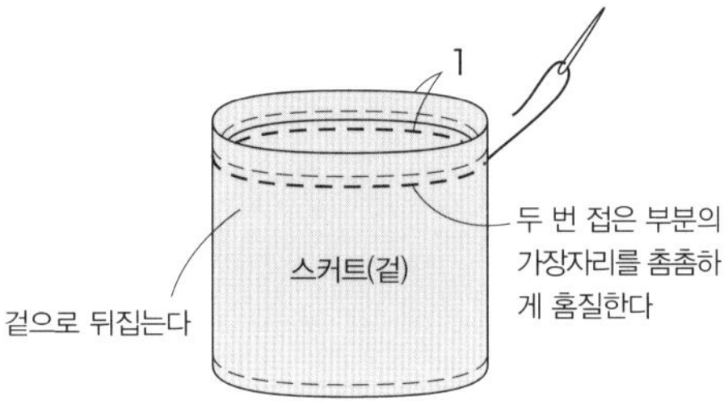

11. 스커트에 리본끈을 바느질한다

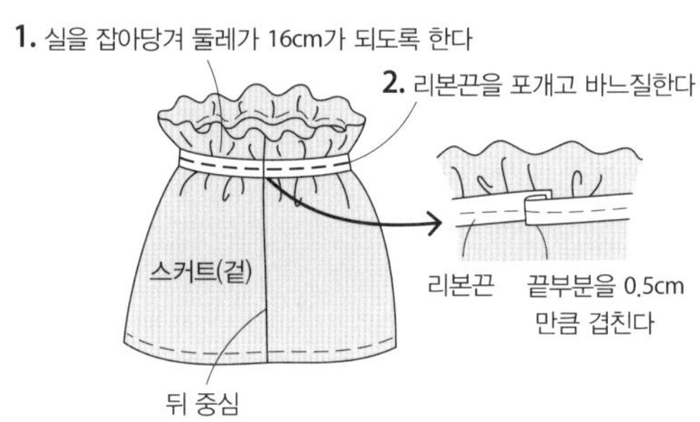

12. 어깨끈을 바느질한다

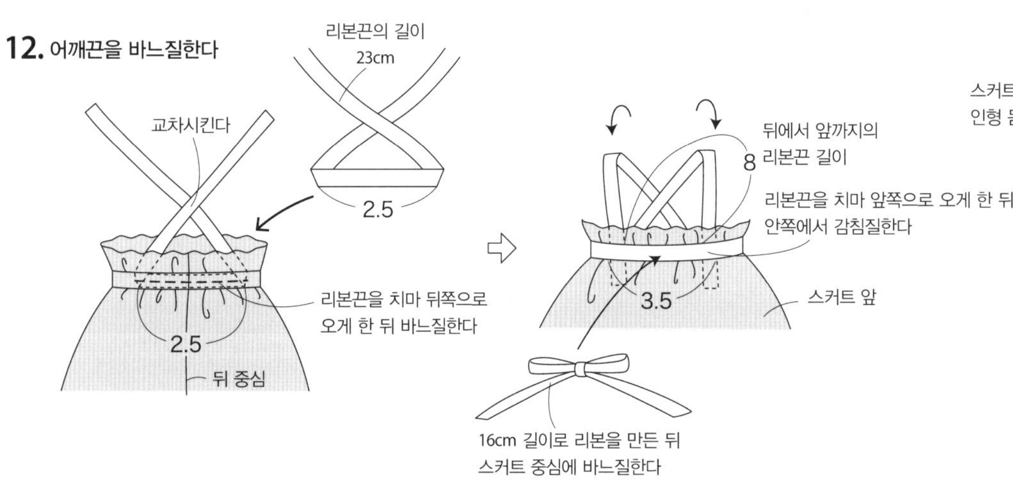

13. 스커트를 입힌다

14. 몸통에 팔을 잇는다

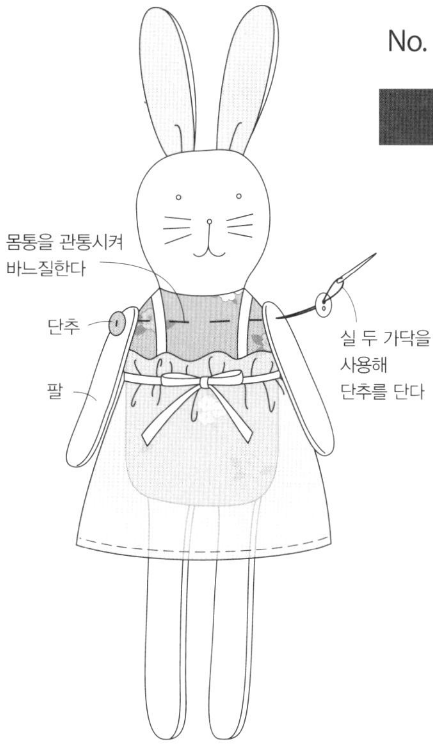

No. 1 토끼

실물 크기 도안

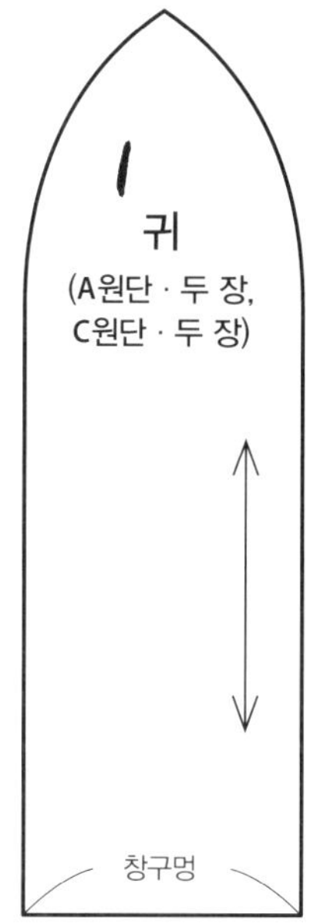

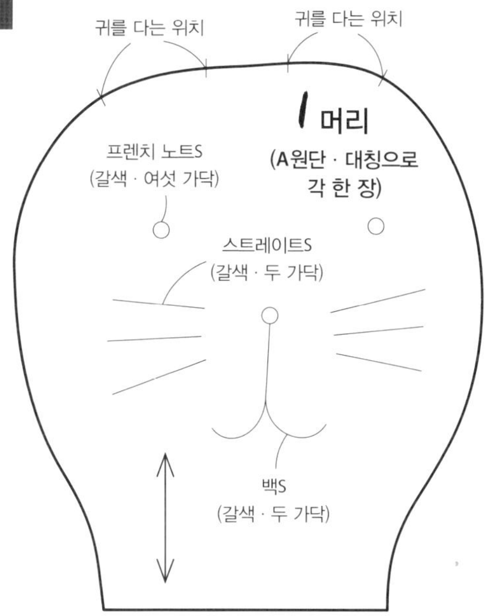

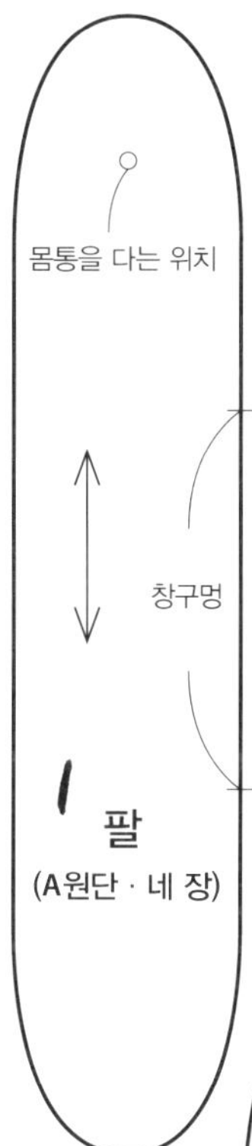

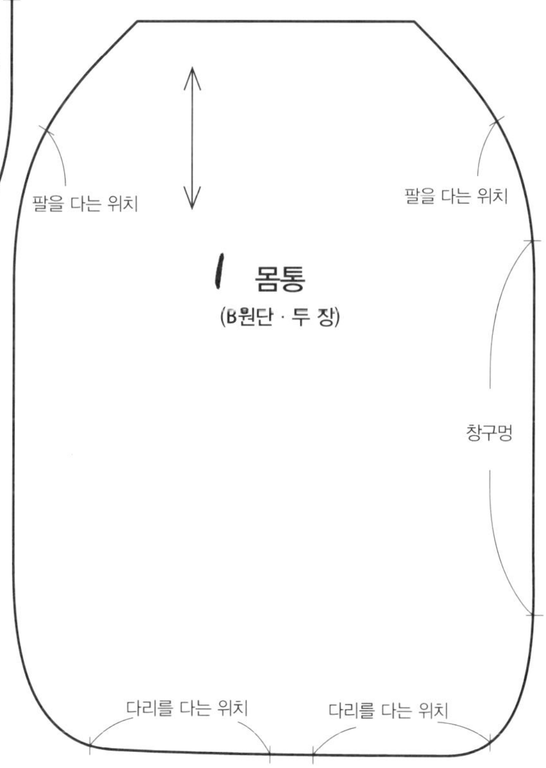

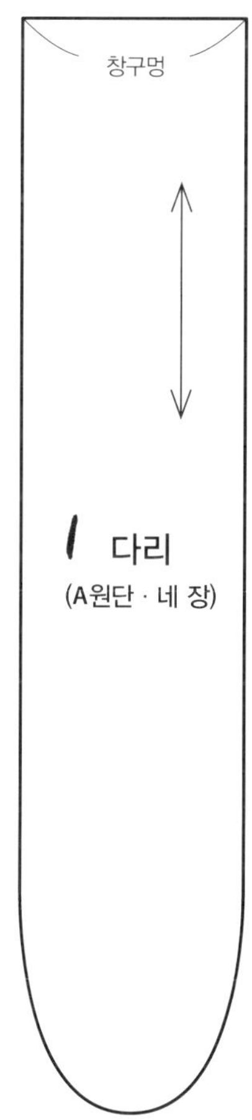

완성

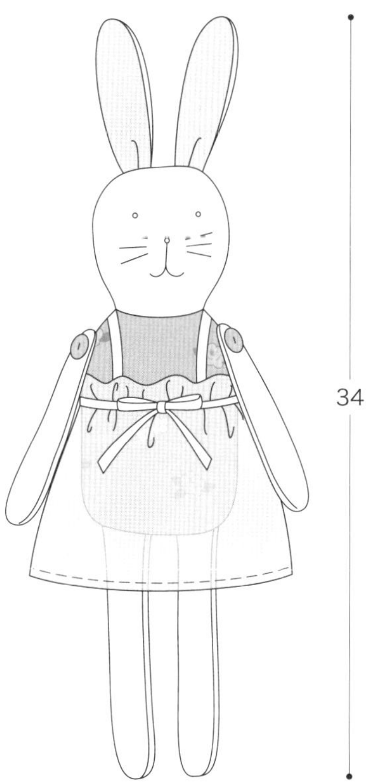

No. 2·3 사이 좋은 토끼

2 재료

- A원단 (아이보리색 무지 면/머리, 바깥쪽 귀, 손, 다리) 30cm 폭 20cm
- B원단 (하늘색 체크무늬 면/앞몸통, 뒷몸통) 20cm 폭 15cm
- C원단 (회색 무늬 면/팔) 20cm 폭 15cm
- D원단 (파란색 무늬 면/앞몸통) 10cm 폭 10cm
- E원단 (하늘색과 연두색 도트무늬 면/앞몸통) 15cm 폭 10cm
- F원단 (하늘색과 흰색 도트무늬 면/앞몸통) 20cm 폭 10cm
- G원단 (검은색 체크무늬 면/안쪽 귀) 10cm 폭 10cm
- 25번 자수실 (검은색, 갈색)
- 방울솜, 펠릿 적당량

3 재료

- A원단 (아이보리색 무지 면/머리, 바깥쪽 귀, 손, 다리) 30cm 폭 20cm
- B원단 (빨간색 작은 무늬 면/앞몸통, 뒷몸통) 20cm 폭 15cm
- C원단 (빨간색 도트무늬 면/앞몸통, 안쪽 귀, 팔) 25cm 폭 15cm
- D원단 (빨간색 작은 꽃무늬 면/앞몸통) 10cm 폭 10cm
- E원단 (빨간색 숫자 무늬 면/앞몸통) 20cm 폭 10cm
- 25번 자수실 (검은색, 갈색)
- 방울솜, 펠릿 적당량

※ 자수 방법은 36쪽 참고
※ 다리는 발끝이 앞으로 향하게 한다
※ 몸통 밑단을 바느질할 때는 펠릿이 튀어나오지 않도록 바늘땀을 촘촘하게 한다
※ 몸통에 펠릿을 넣어 아랫부분을 묵직하게 만들면 인형을 안정감 있게 앉힐 수 있다
※ 실물 크기 도안은 42페이지

만드는 방법

1. 귀를 바느질한다

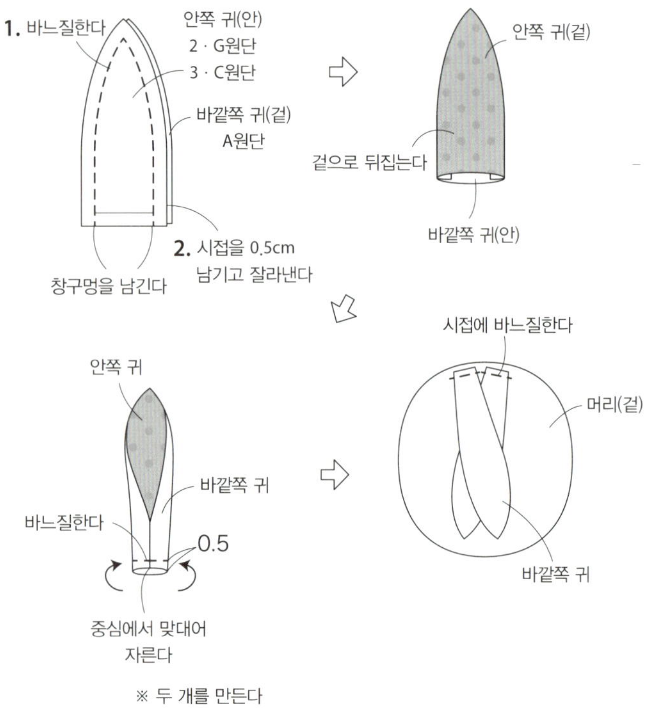

2. 귀를 끼워 넣고 머리를 바느질한다

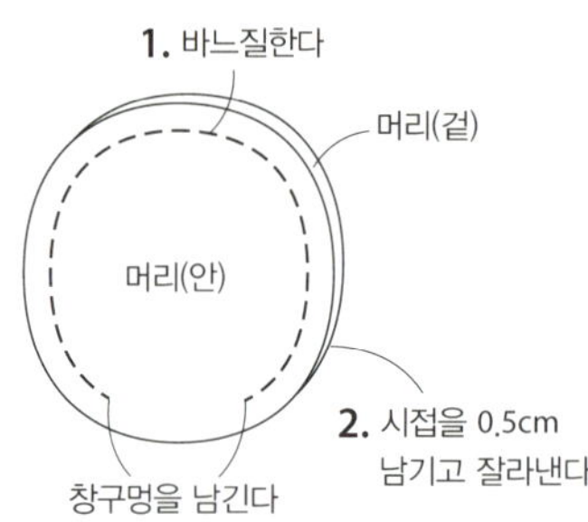

3. 얼굴에 수를 놓는다

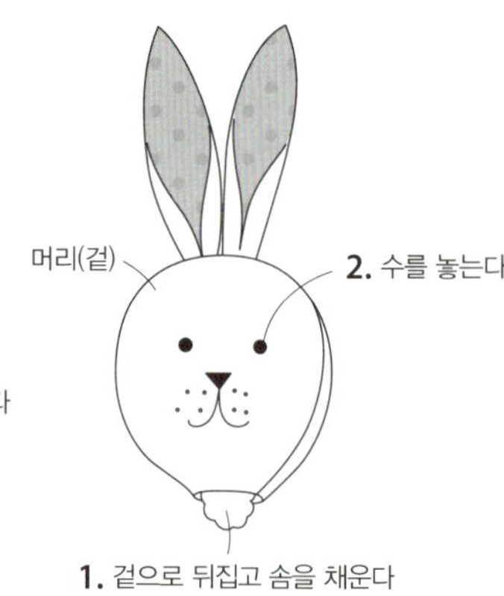

4. 팔과 손을 바느질하고 솜을 채운다

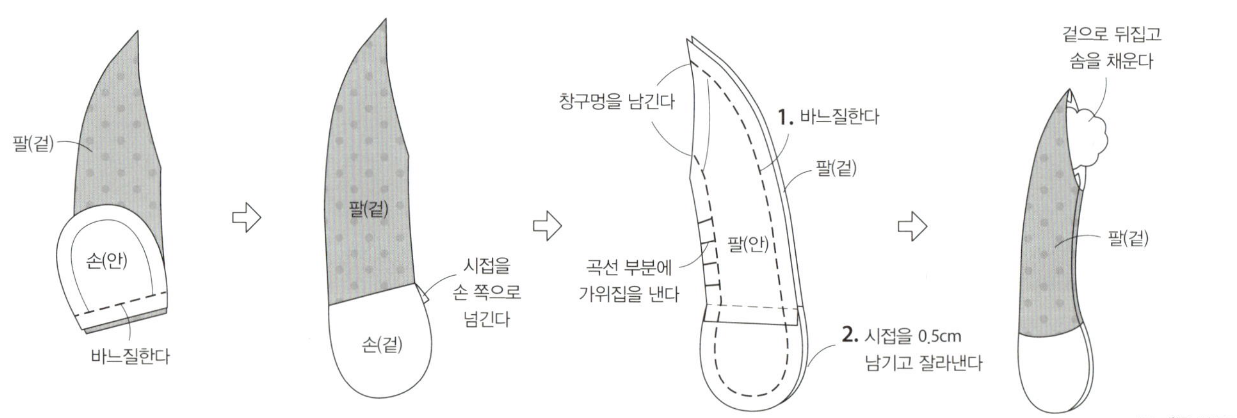

5. 다리를 바느질하고 솜을 채운다

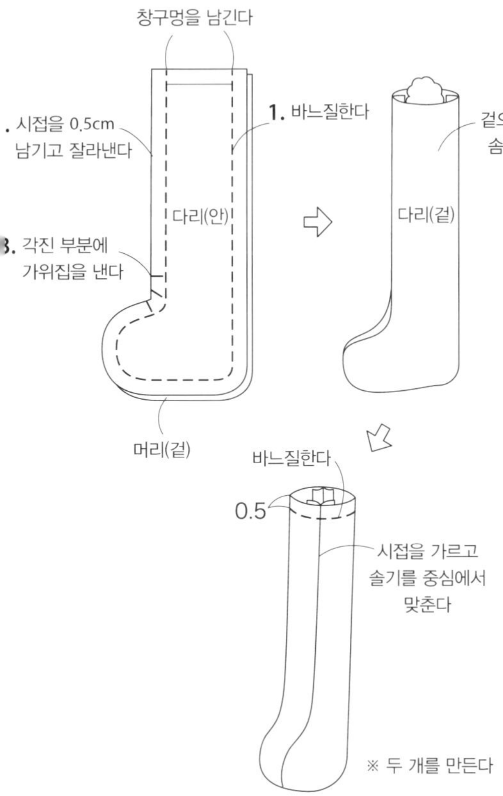

6. 앞몸통의 무늬가 바뀌는 부분을 바느질한다

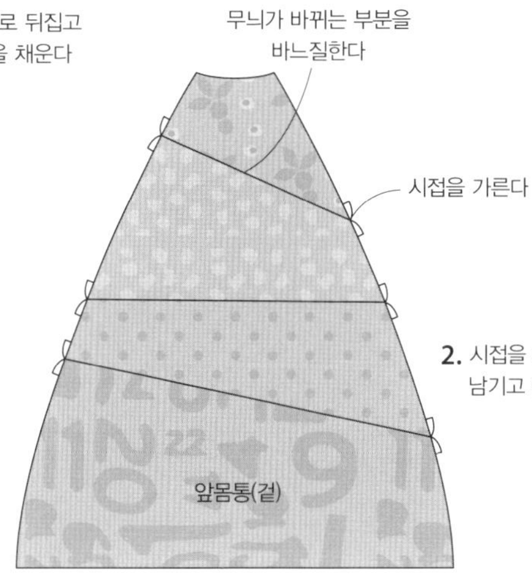

7. 팔을 끼워 넣고 뒷몸통과 합친 뒤 양쪽 옆선을 바느질한다

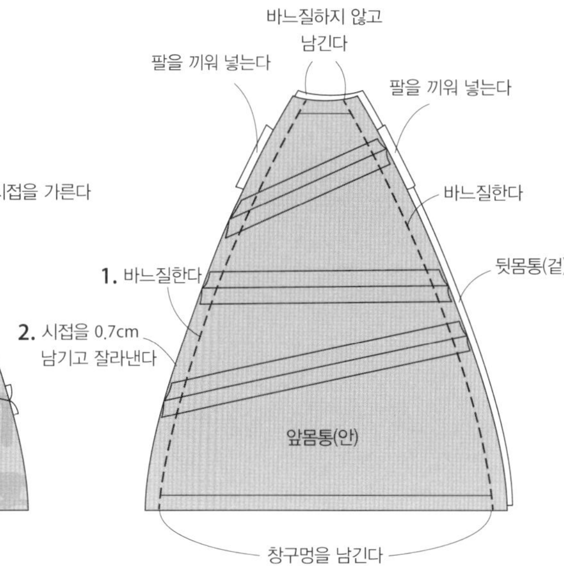

8. 겉으로 뒤집은 뒤 다리를 달고 솜을 채운다

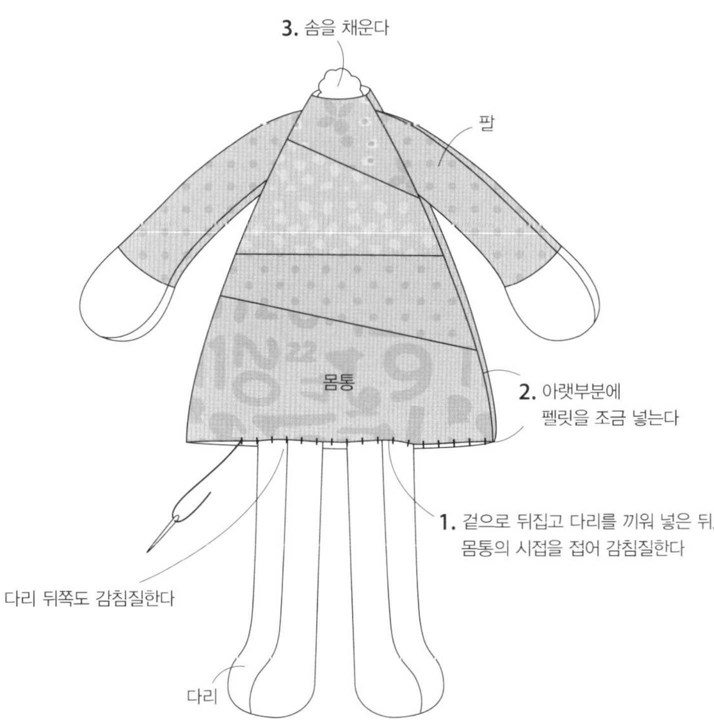

9. 머리와 몸통을 감침질한다

완성

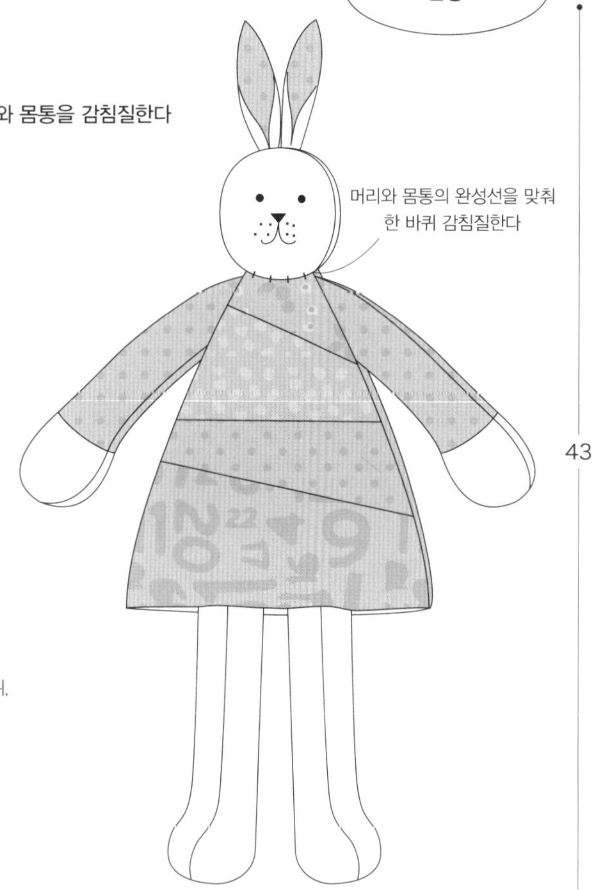

No. 2·3 사이 좋은 토끼

실물 크기 도안

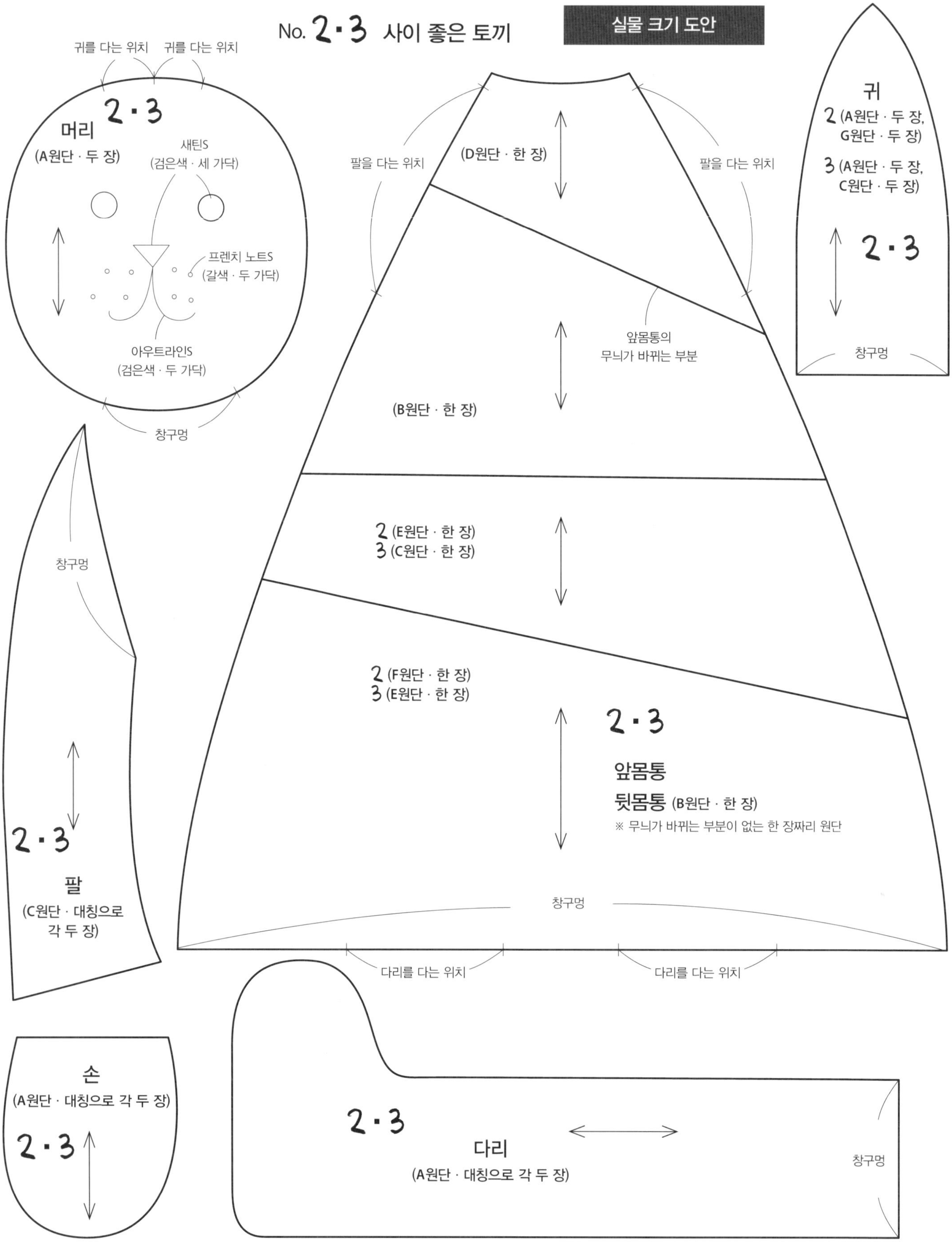

No. 4 생쥐

재료

- A원단 (회색 코듀로이/머리, 머리 중앙, 바깥쪽 귀, 팔, 다리, 꼬리) 50cm 폭 30cm
- B원단 (흰색 도트무늬 면/몸통) 20cm 폭 10cm
- C원단 (분홍색 무지 면/안쪽 귀) 10cm 폭 15cm
- 25번 자수실 (연한 분홍색)
- 방울솜 적당량

※ 자수 방법은 36페이지 참고
※ 귀가 좌우대칭이 아니므로 주의한다
※ 실물 크기 도안은 46페이지

만드는 방법

1. 다리를 바느질하고 솜을 채운다.
같은 방법으로 팔을 만든다

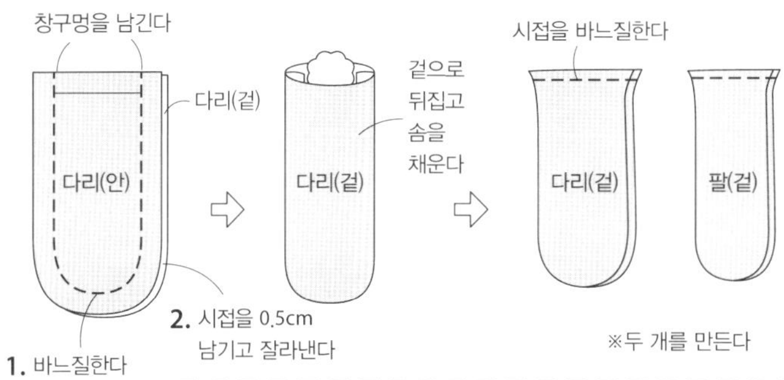

2. 귀를 바느질한 뒤 양 끝을 접어 바느질한다

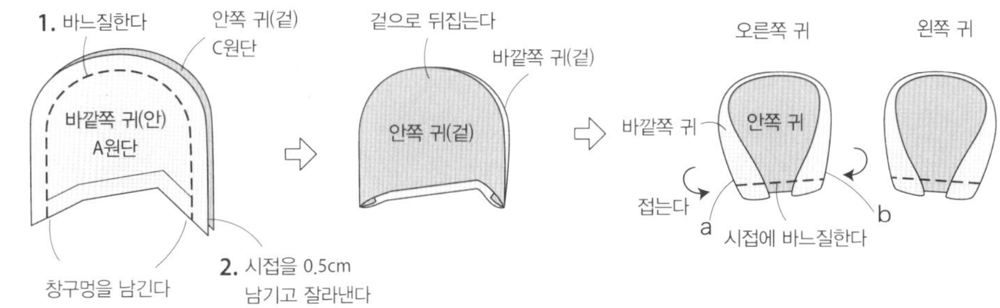

3. 머리 중앙에 귀를 연결한다

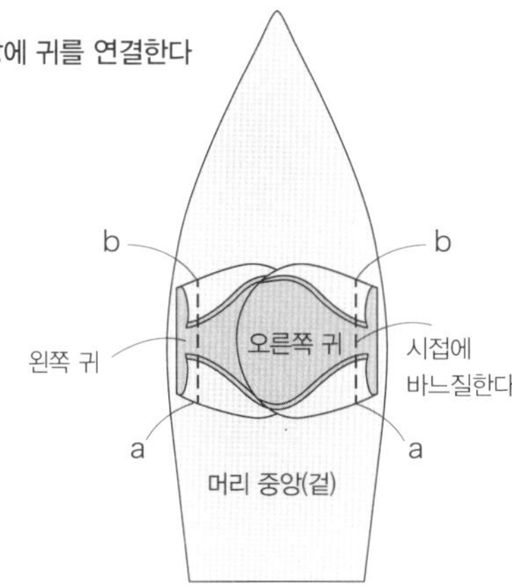

4. 머리와 머리 중앙을 연결한다

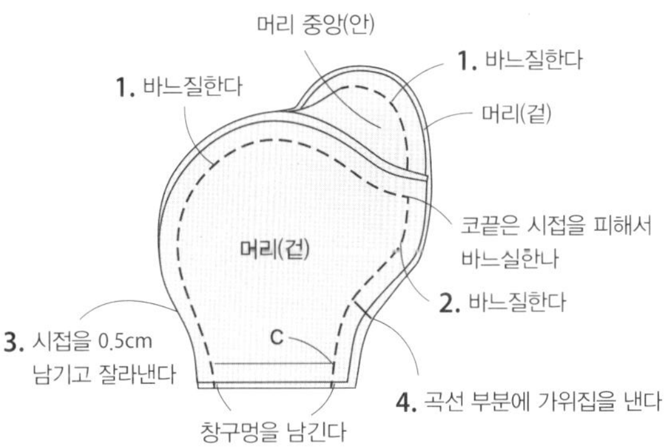

5. 몸통에 팔을 임시로 고정한다

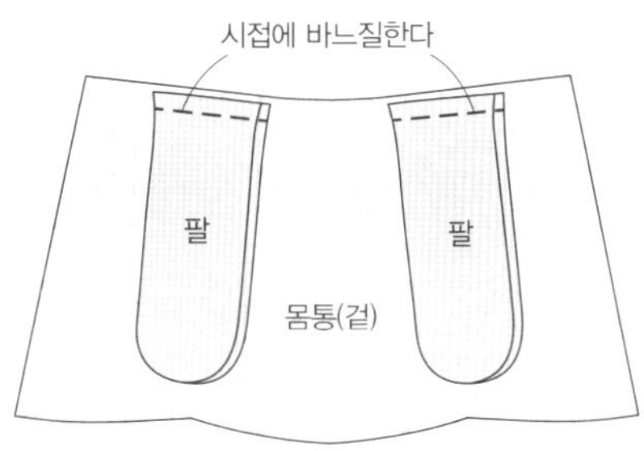

6. 몸통을 합치고 윗부분만 바느질한다

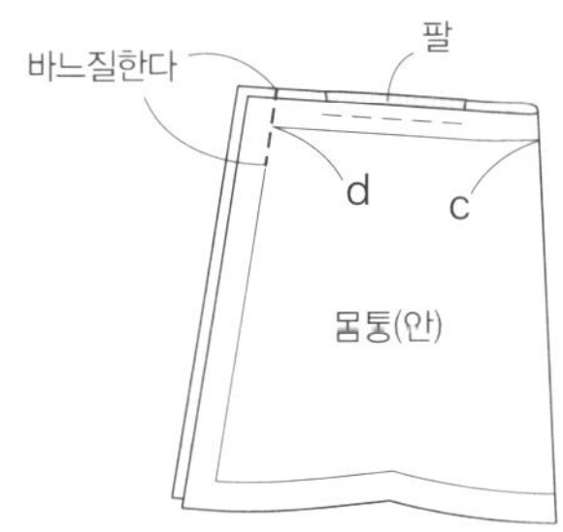

7. 몸통과 머리를 연결한다

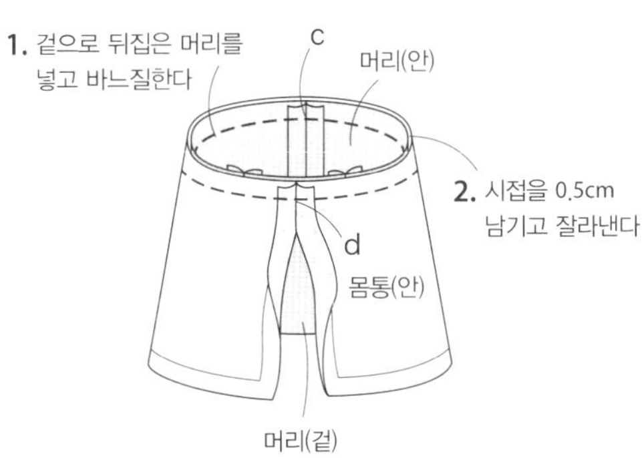

8. 몸통 아랫부분을 바느질한다. 다리를 끼워 넣고 바느질한다

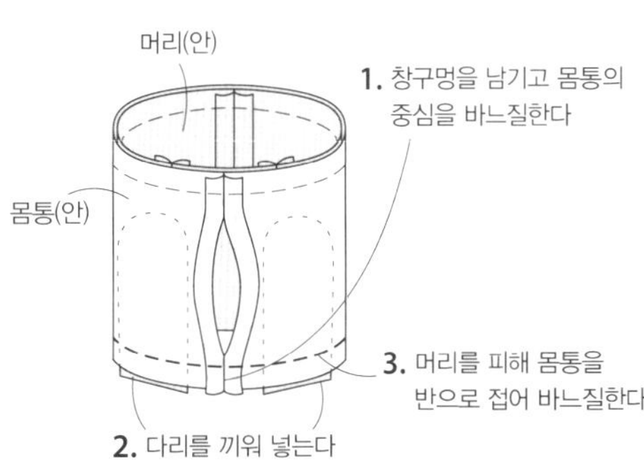

9. 꼬리를 바느질한다

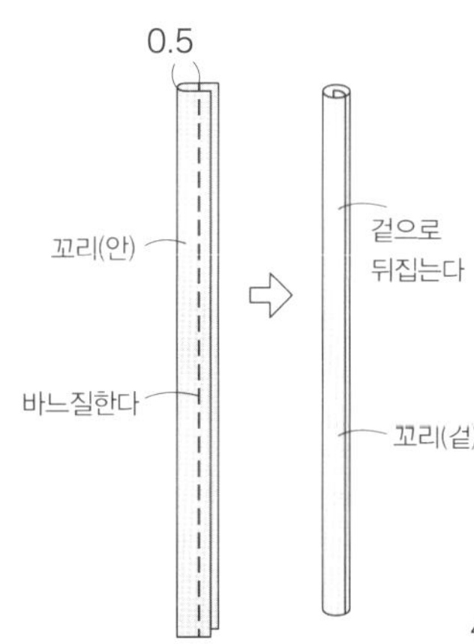

10. 겉으로 뒤집고 솜을 채운다. 꼬리를 단다

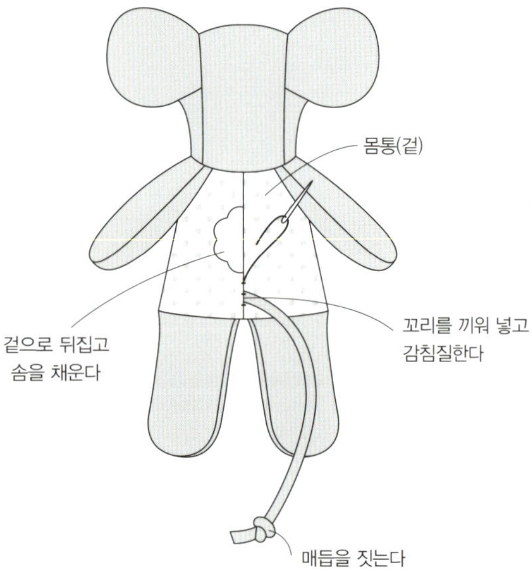

11. 수를 놓는다

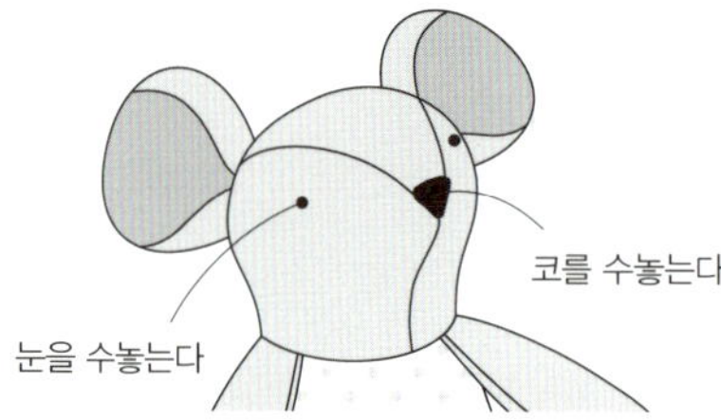

No. 5 세련된 생쥐

재료

- A원단 (회색 무지 면/머리, 바깥쪽 귀, 팔, 다리) 20cm 폭 30cm
- B원단 (흰색 작은 꽃무늬 면/몸통) 30cm 폭 30cm
- C원단 (분홍색 도트무늬 면/안쪽 귀) 10cm 폭 10cm
- 펠트 (연한 분홍색/코, 볼) 5cm 폭 5cm
- 단추 (지름 0.7cm · 검은색) 두 개
- 리본끈 (폭 1.2cm · 흰색) 10cm
- 원형 끈 (두께 2mm · 분홍색) 20cm
- 꽃장식 (2cm) 한 개
- 25번 자수실 (검은색, 분홍색, 연한 분홍색, 진한 분홍색)
- 5번 자수실 (회색)
- 방울솜 적당량

※ 자수 방법은 36페이지 참고

※ 머리와 몸통은 좌우대칭이 아니므로 주의한다

※ 실물 크기 도안은 47페이지

만드는 방법

1. 귀를 바느질한다

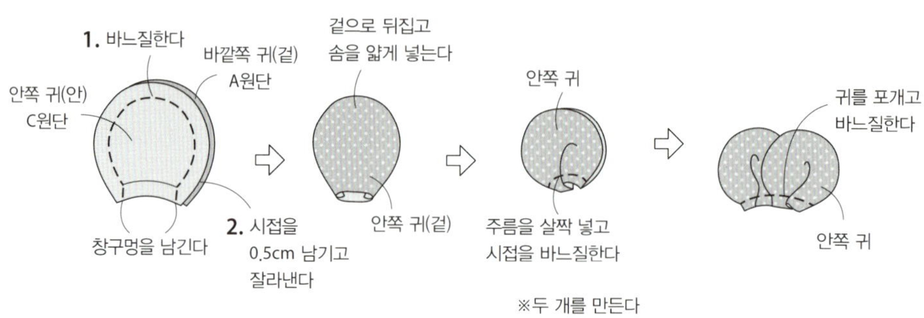

2. 팔을 바느질하고 솜을 채운다

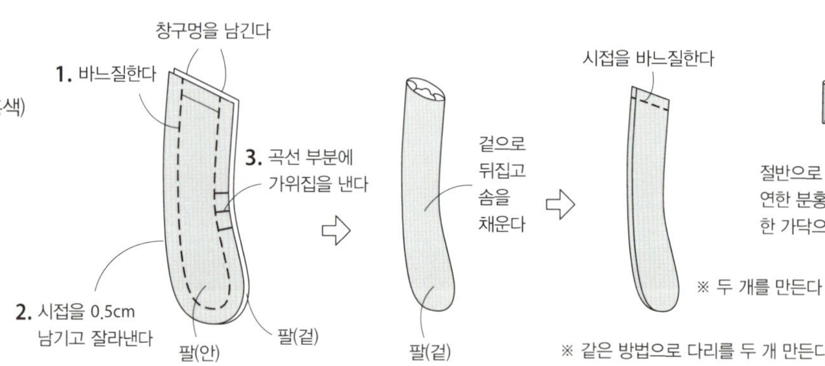

3. 코를 감침질한다

4. 머리와 앞몸통을 연결하고 얼굴을 만든다

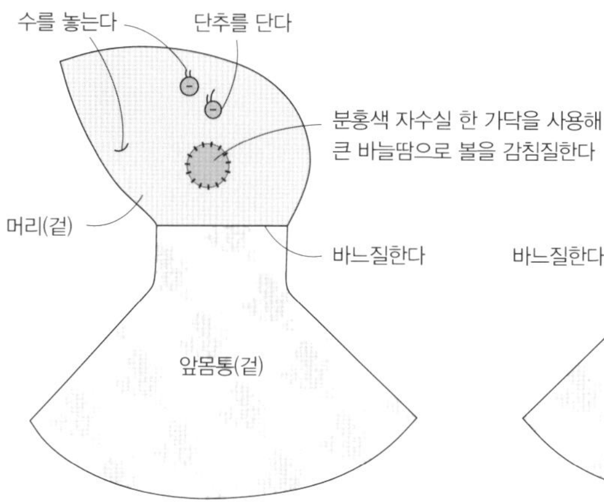

5. 머리와 뒷몸통을 연결한다

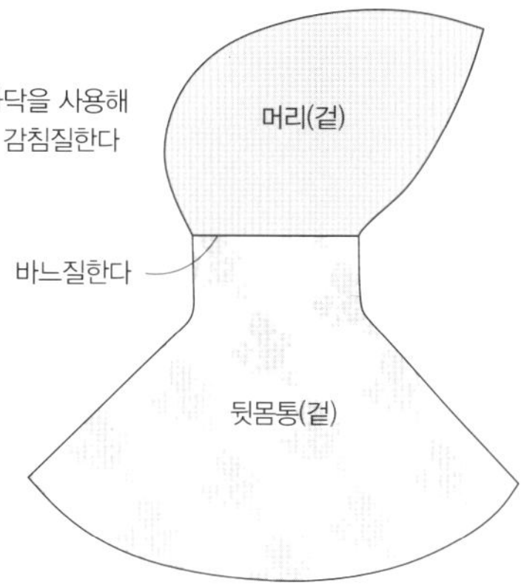

6. 앞과 뒤를 합치고 완성선을 따라 바느질한다

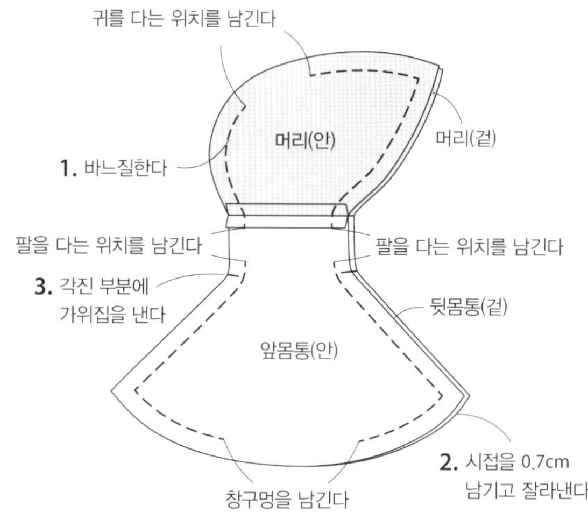

7. 겉으로 뒤집고 팔과 귀를 단다

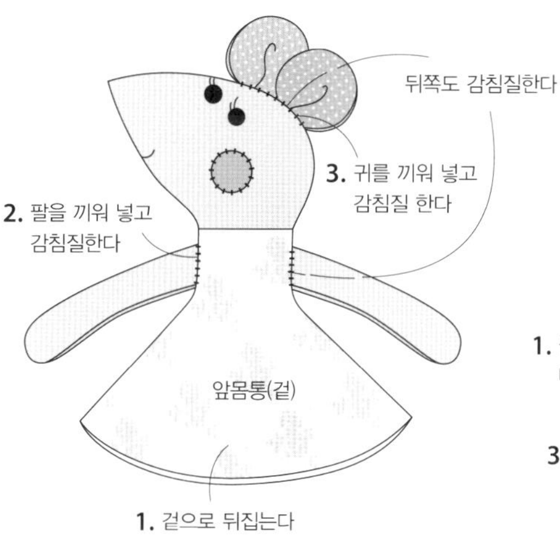

8. 다리를 달고 솜을 채운 뒤 꼬리를 단다

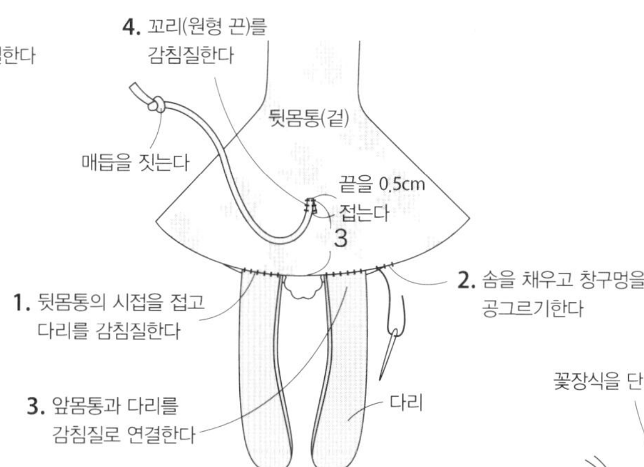

완성

10. 목에 리본끈을 두른다

9. 코와 수염을 단다

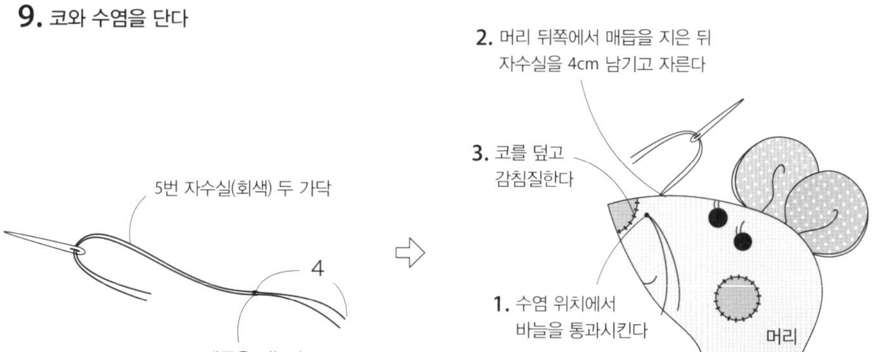

No. 4 생쥐

실물 크기 도안

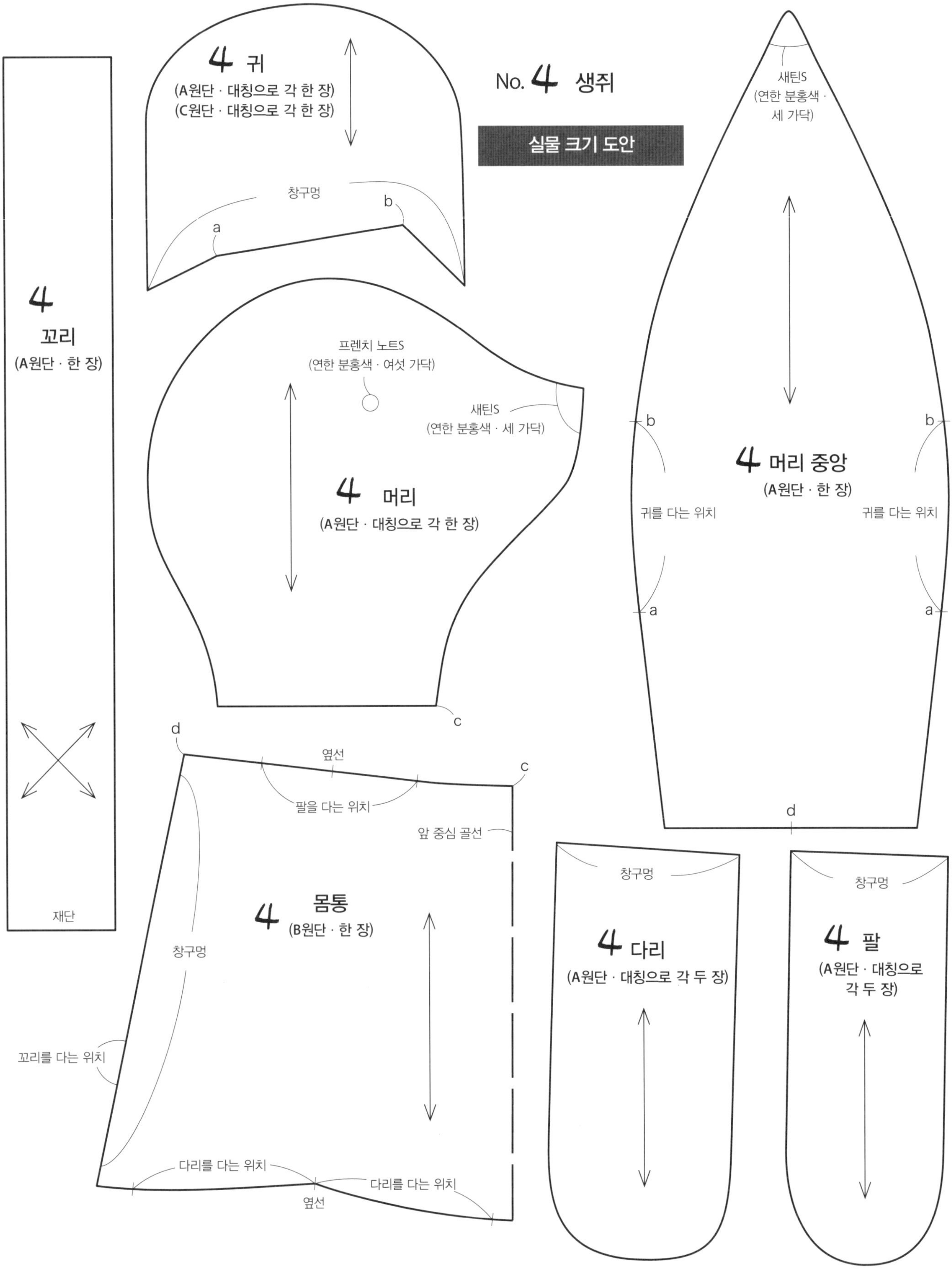

No. 5 세련된 생쥐

실물 크기 도안

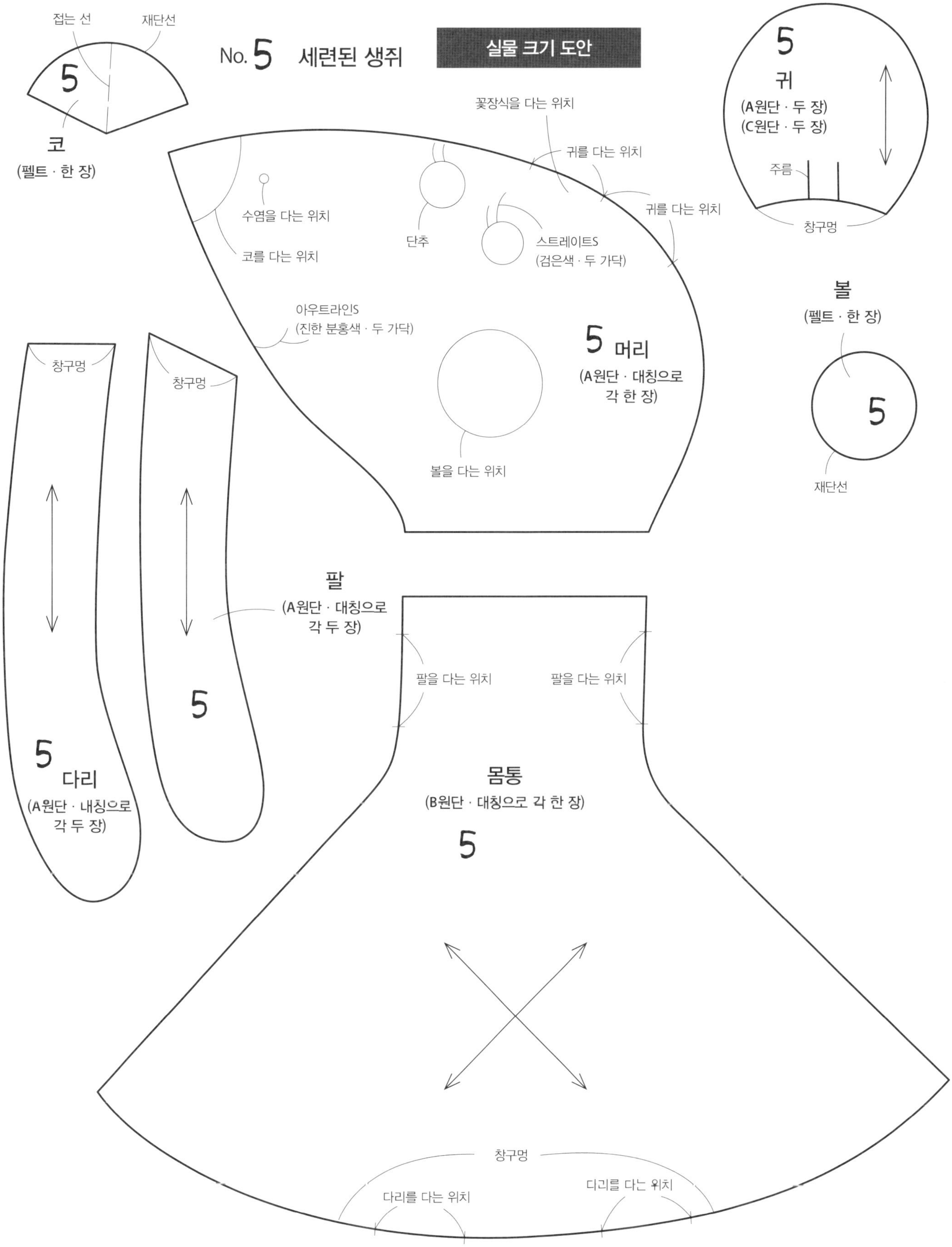

No. 6 검은 고양이 마메

재료

- A원단 (검은색 보아/머리, 귀, 몸통, 팔, 다리, 꼬리) 40cm 폭 40cm
- B원단 (빨간색 무늬 면/옷, 리본끈) 30cm 폭 25cm
- 단추 (지름 2.3cm · 조개 단추) 두 개
- 스냅 단추 (지름 0.8cm) 한 개
- MOCO (파란색)
- 25번 자수실 (노란색, 빨간색, 흰색, 검은색)
- 8번 자수실 (분홍색)
- 방울솜, 펠릿 적당량

※ 자수 방법은 36페이지 참고
※ 머리는 솜을 많이 넣어 둥글게 만든다
※ 사용하는 원단이 두꺼우므로 귀는 솜을 넣지 않고 만든다
※ 실물 크기 도안은 50페이지

만드는 방법

1. 머리를 바느질한다

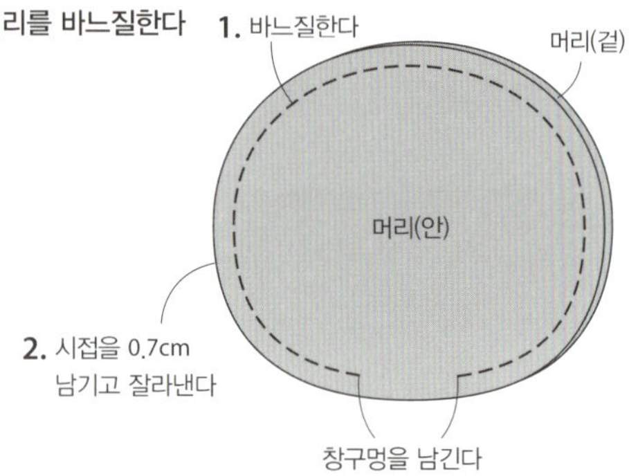

2. 솜을 채우고 얼굴을 만든다

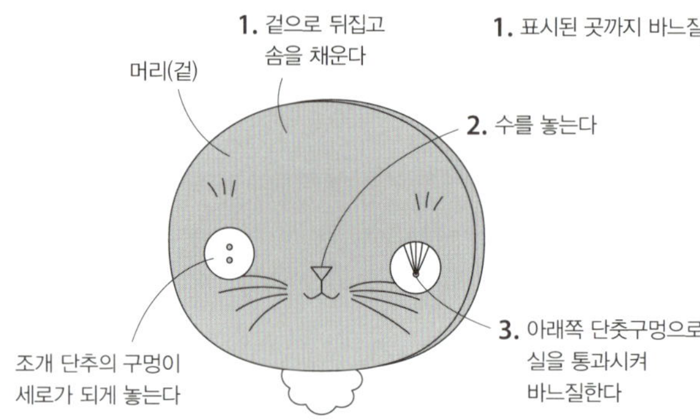

3. 귀를 바느질한다

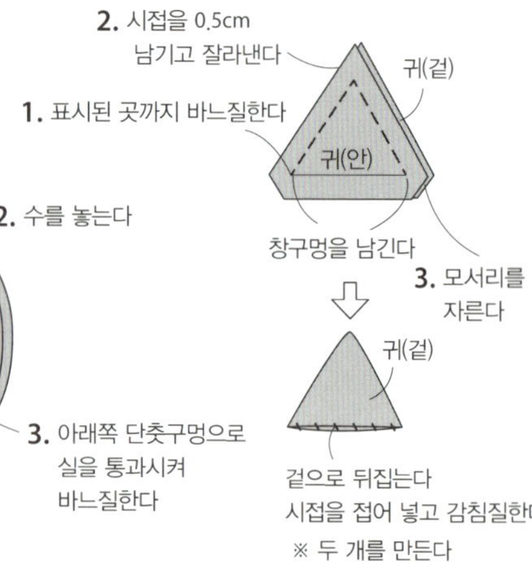

4. 팔을 바느질하고 솜을 채운다

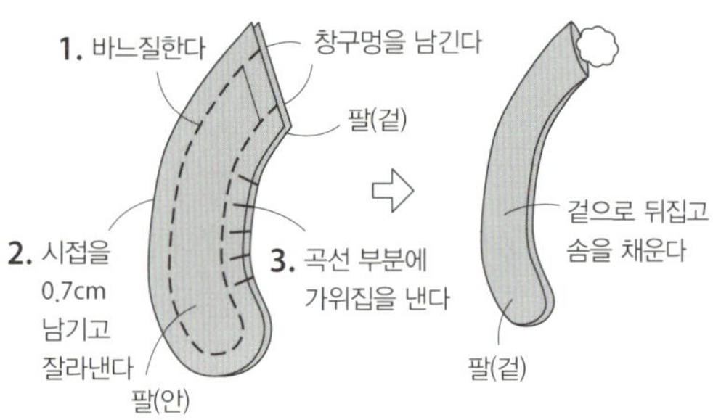

5. 다리를 바느질하고 솜을 채운다

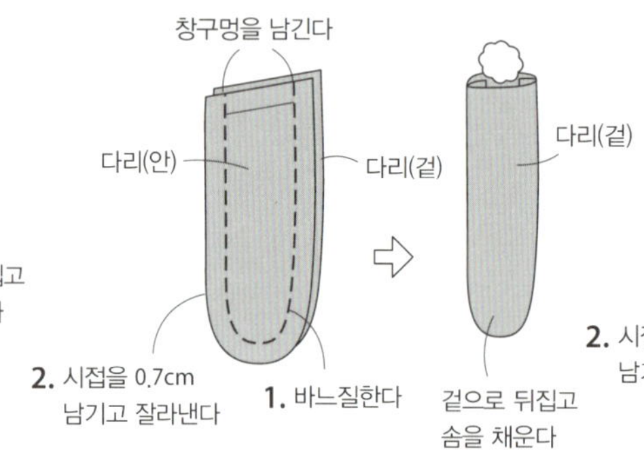

6. 꼬리를 바느질하고 솜을 채운다

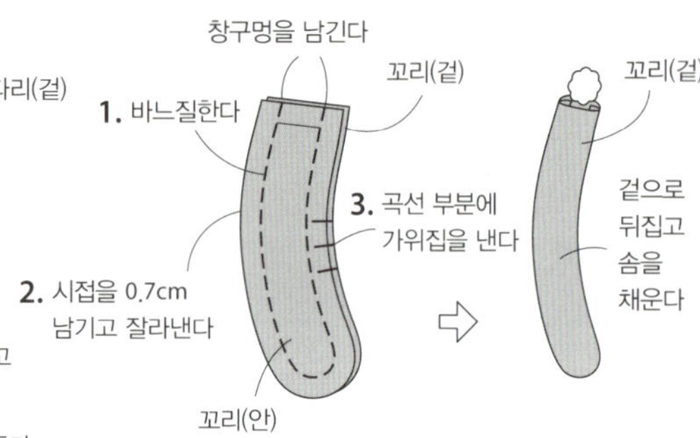

7. 앞몸통에 팔과 다리를 임시로 고정한다

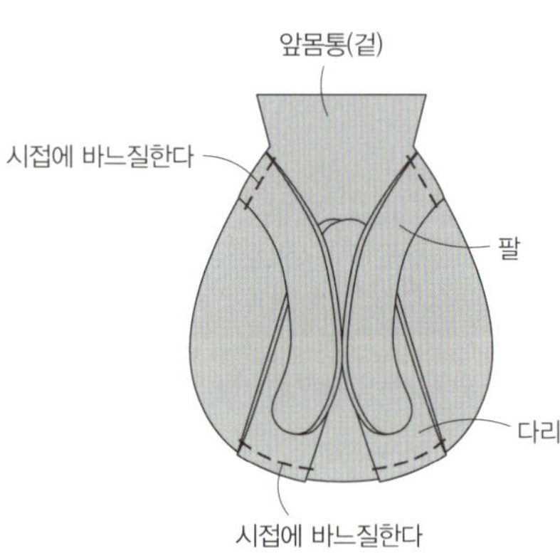

8. 뒷몸통의 중심을 바느질한다

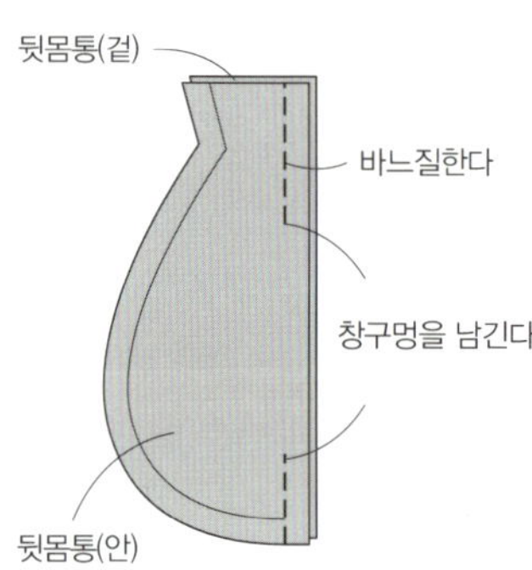

9. 앞뒤 몸통을 합치고 위에서와 마찬가지로 바느질한다

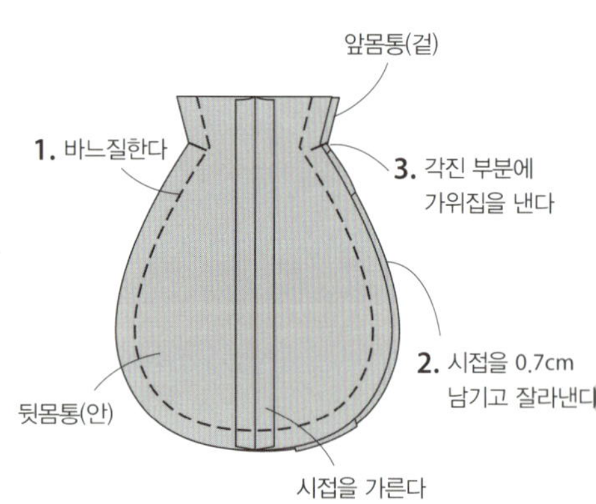

10. 겉으로 뒤집은 다음 꼬리를 끼워 넣고 감침질한다 펠릿과 솜을 넣는다

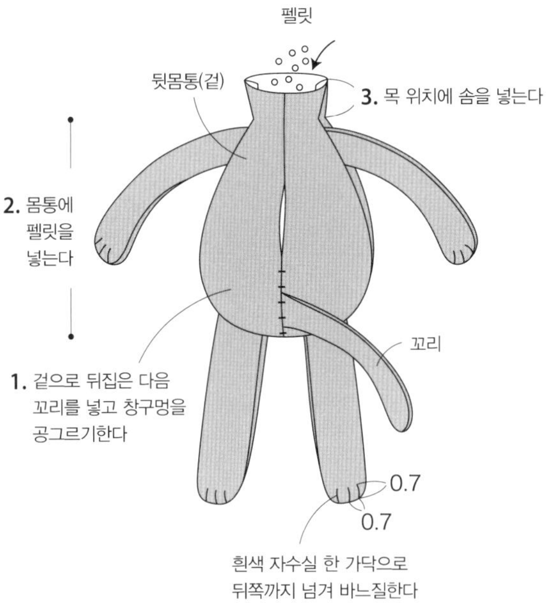

11. 머리에 귀를 달고 몸통과 머리를 연결한다

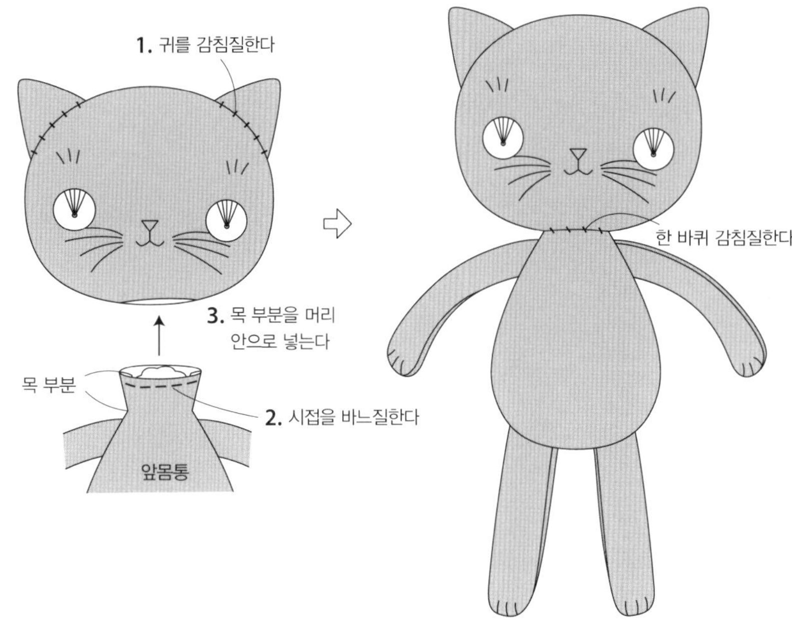

12. 옷의 옆선을 바느질한다

13. 두 세트를 합쳐 바느질한다

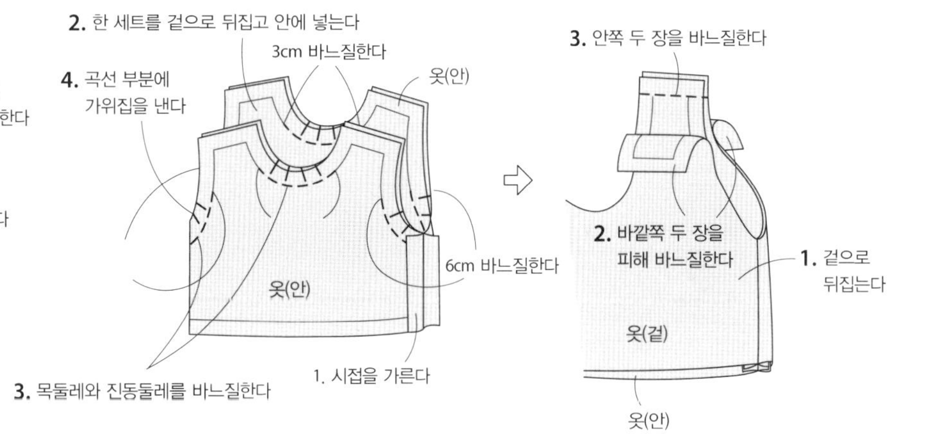

14. 어깨를 바느질하고 겉으로 뒤집는다. 바느질하지 않고 남겨둔 부분을 감침질한다

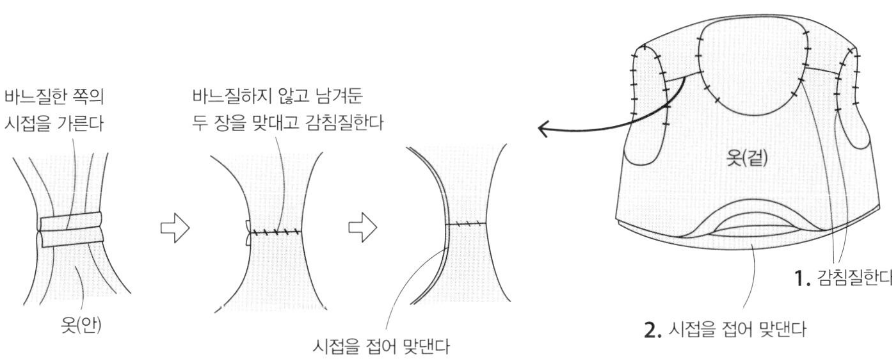

15. 수를 놓고 밑단을 바느질한다

16. 목 뒤쪽에 스냅 단추를 단다

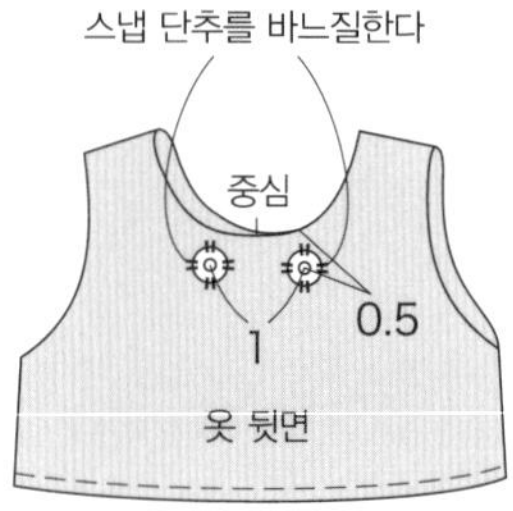

17. 리본끈을 바느질하고 겉으로 뒤집는다

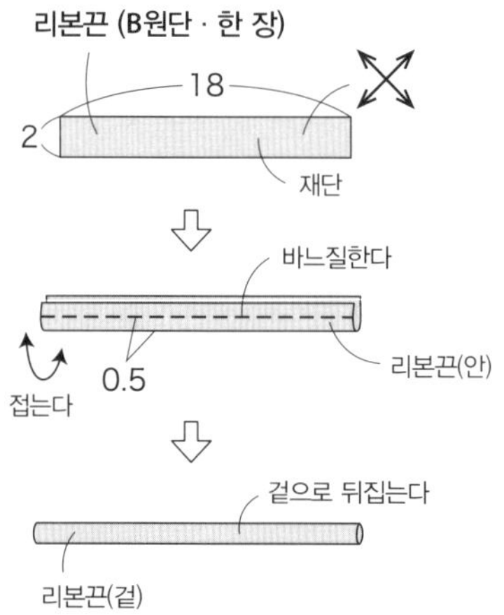

18. 옷을 입히고 리본끈을 두른다

No. 6 검은 고양이 마메

실물 크기 도안

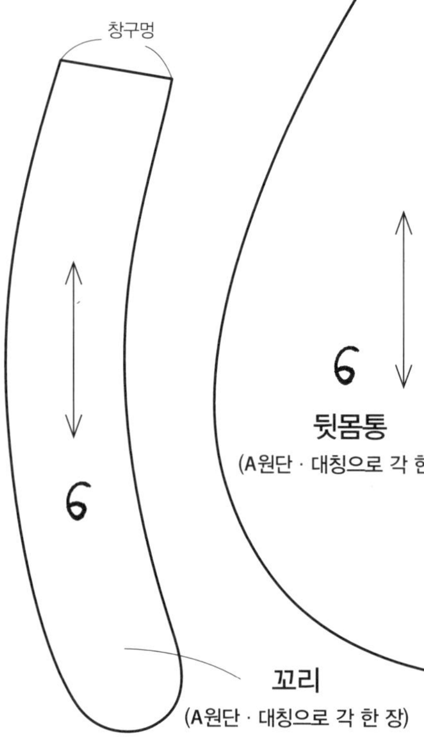

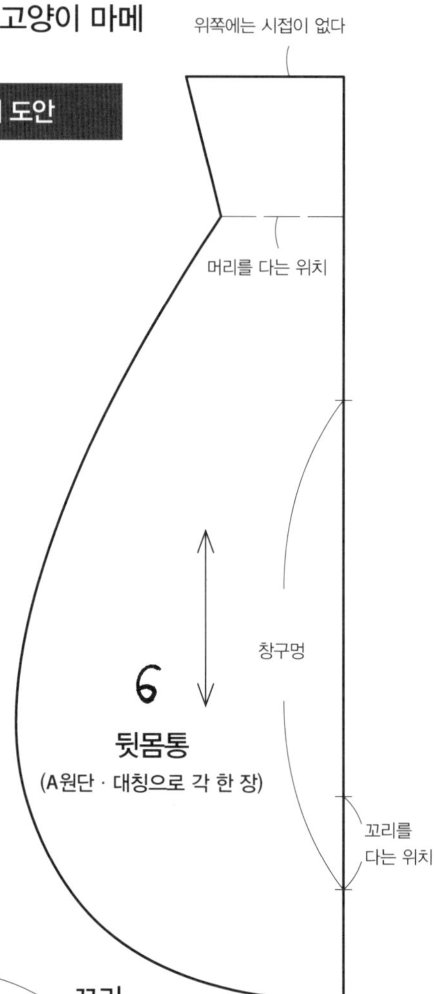

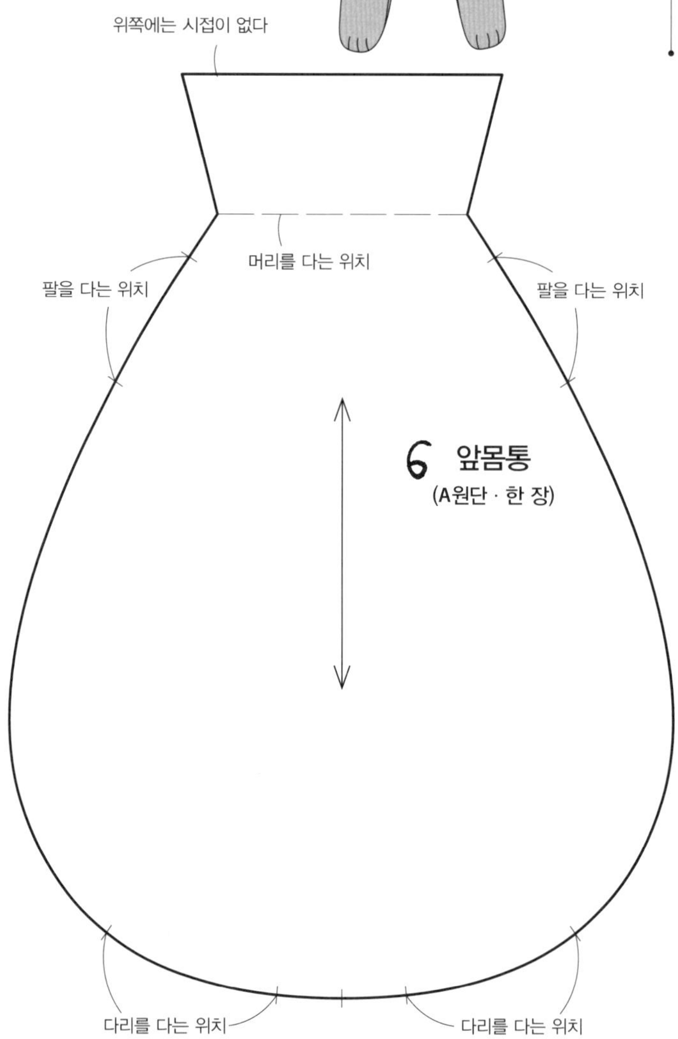

No. 6 검은 고양이 마메

실물 크기 도안

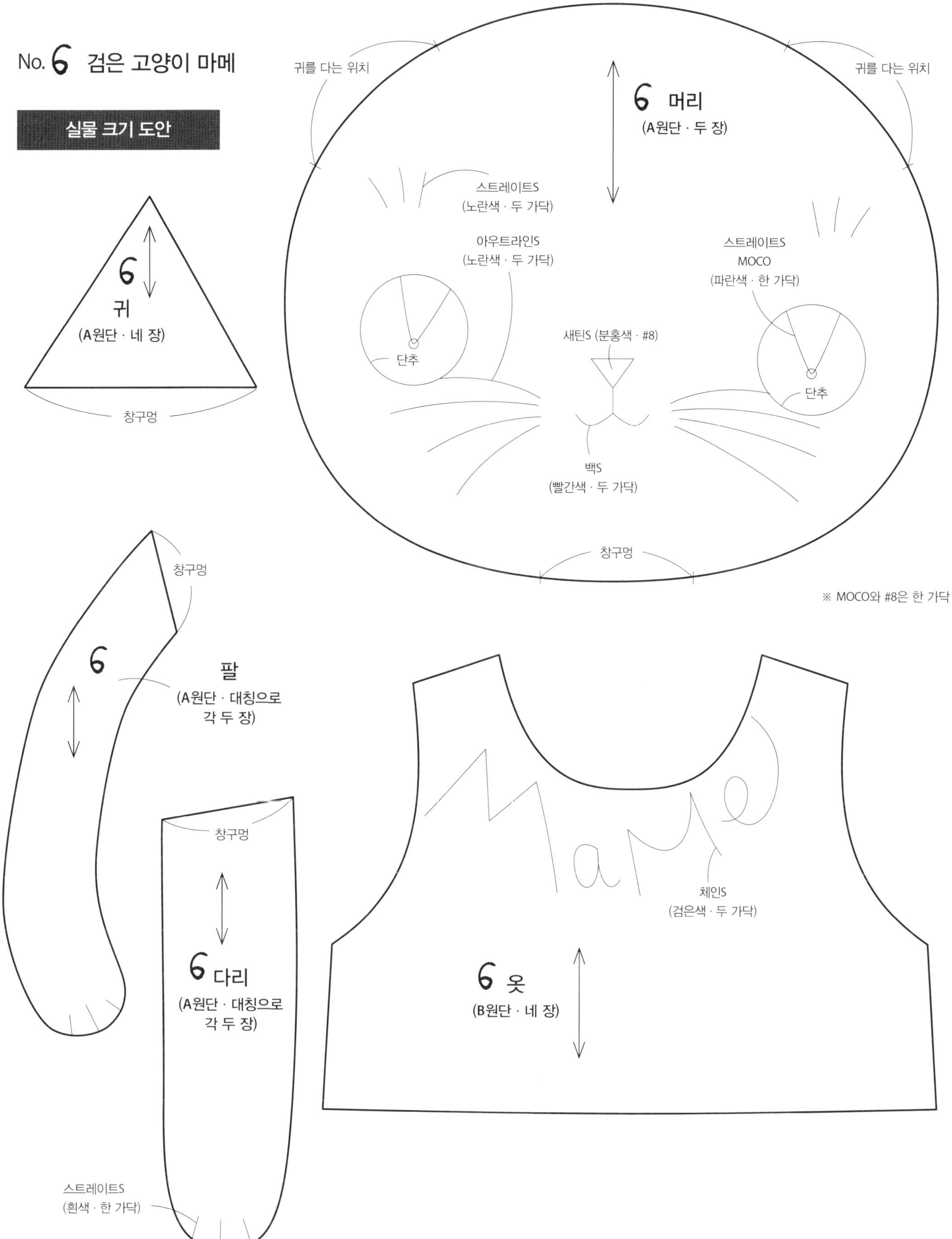

No. 7·8·9 고양이 삼남매

7 재료

- A원단 (베이지색 무지 리넨/머리, 바깥쪽 귀, 팔, 다리) 30cm 폭 30cm
- B원단 (오렌지색 꽃무늬 면/몸통, 안쪽 귀) 30cm 폭 15cm
- 펠트A (파란색/눈) 5cm 폭 5cm
- 펠트B (연한 분홍색/코) 2cm 폭 2cm
- 단추 (지름 1cm · 검은색) 두 개
- 리본끈 (폭 1.8cm) 20cm
- 25번 자수실 (파란색, 카키색, 연한 분홍색)
- 방울솜 적당량

8 재료

- A원단 (베이지색 무지 리넨/머리, 바깥쪽 귀, 팔, 다리) 30cm 폭 30cm
- B원단 (파란색, 오렌지 무늬 면/몸통, 안쪽 귀) 30cm 폭 15cm
- 펠트A (감색/눈) 5cm 폭 5cm
- 펠트B (연한 분홍색/코) 2cm 폭 2cm
- 단추 (지름 1.2cm · 조개 단추) 두 개
- 리본끈 (폭 1.2cm) 15cm
- 25번 자수실 (감색, 카키색, 연한 분홍색)
- 방울솜 적당량

9를 만드는 방법

1. 귀를 바느질하고 솜을 넣는다

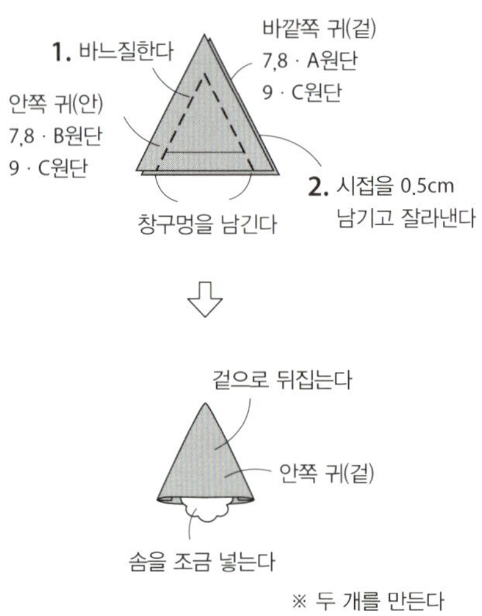

2. 머리와 몸통을 연결한다. 얼굴을 만든다

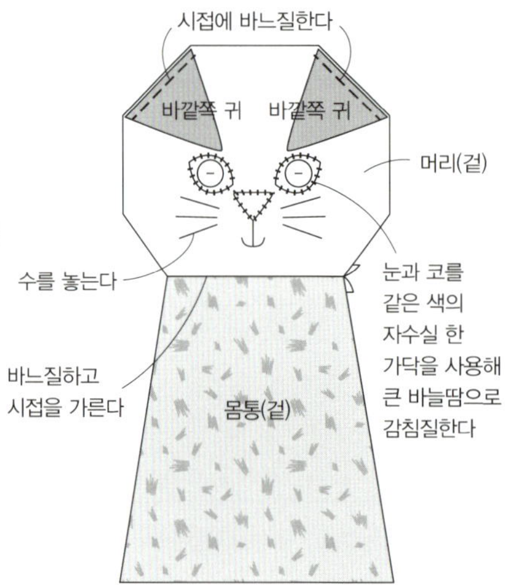

3. 앞과 뒤를 합치고 완성선을 따라 바느질한다

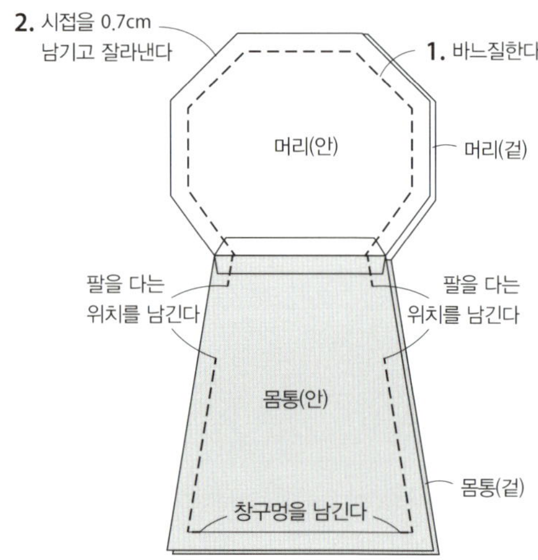

4. 팔을 바느질하고 솜을 채운다

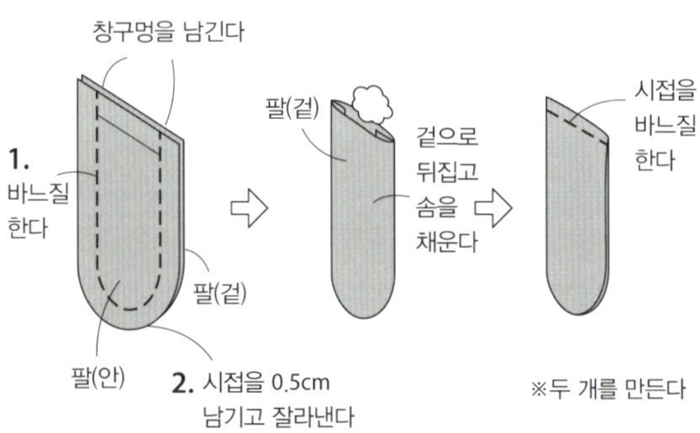

5. 다리를 바느질하고 솜을 채운다

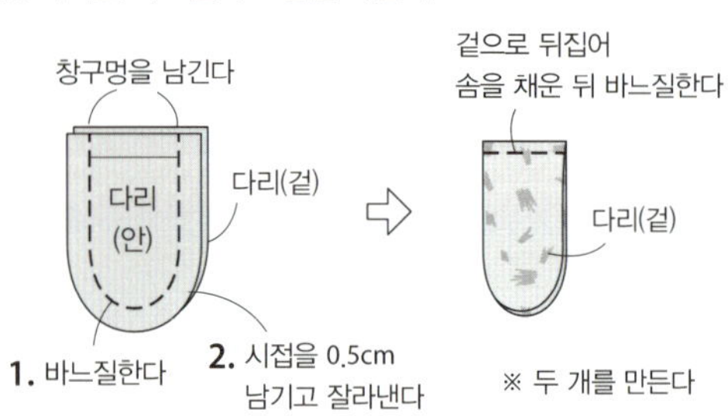

6. 몸통에 다리를 임시로 고정한다 솜을 채운다

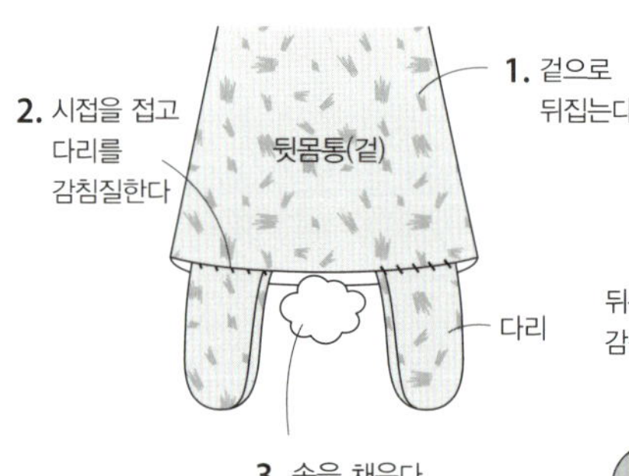

7. 창구멍을 공그르기하고 팔을 감침질한다.

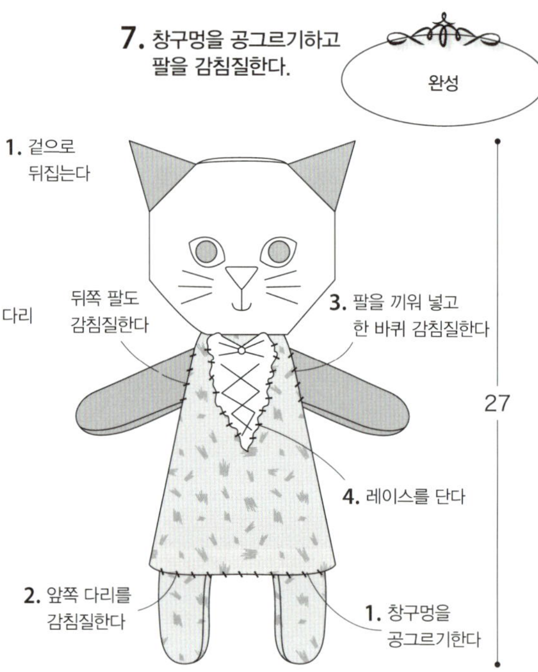

7·8 인형은 목에 끈을 두르고 묶는다

9 재료

- A원단 (베이지색 무지 리넨/머리) 25cm 폭 15cm
- B원단 (검은색 무늬 면/몸통, 다리) 30cm 폭 25cm
- C원단 (검은색 무지 면/귀, 팔) 20cm 폭 20cm
- 펠트A (파란색/눈) 5cm 폭 5cm
- 펠트B (진한 갈색/코) 2cm 폭 2cm
- 단추 (지름 0.7cm · 검은색) 두 개
- 모티프 레이스 (4cm 폭 6cm) 한 장
- 25번 자수실 (파란색, 카키색, 진한 갈색, 연한 분홍색)
- 방울솜 적당량

※ 자수 방법은 36페이지 참고

※ 실물 크기 도안은 이 페이지

No. 7·8·9 고양이 삼남매

실물 크기 도안

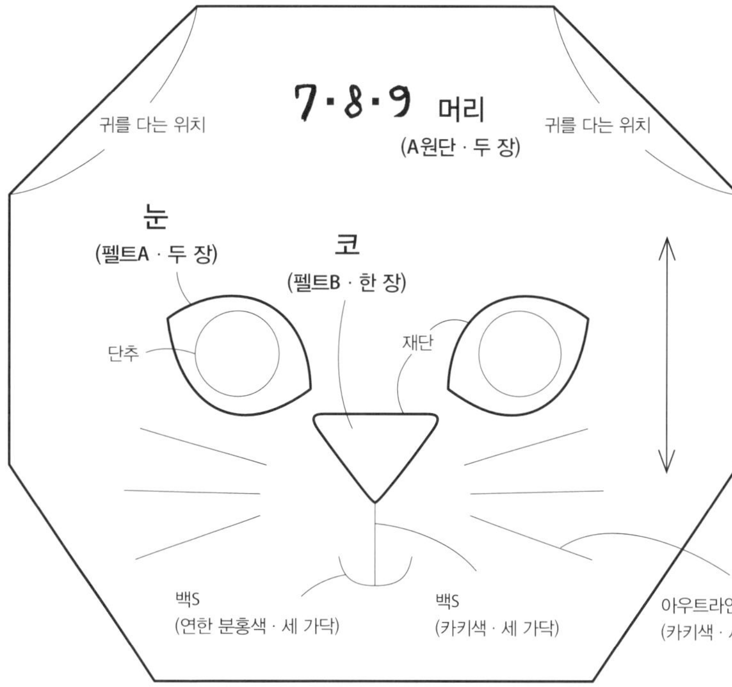

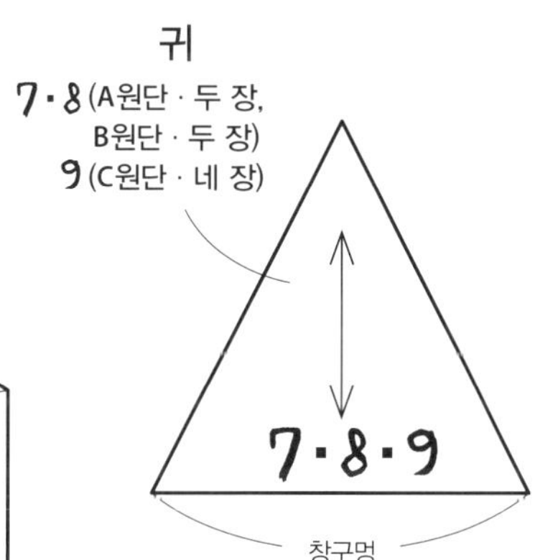

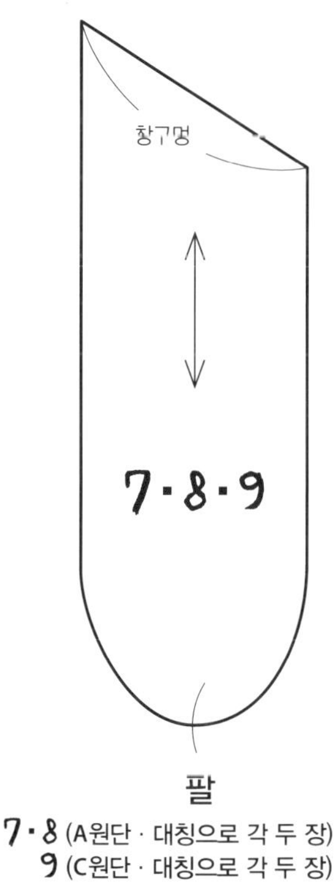

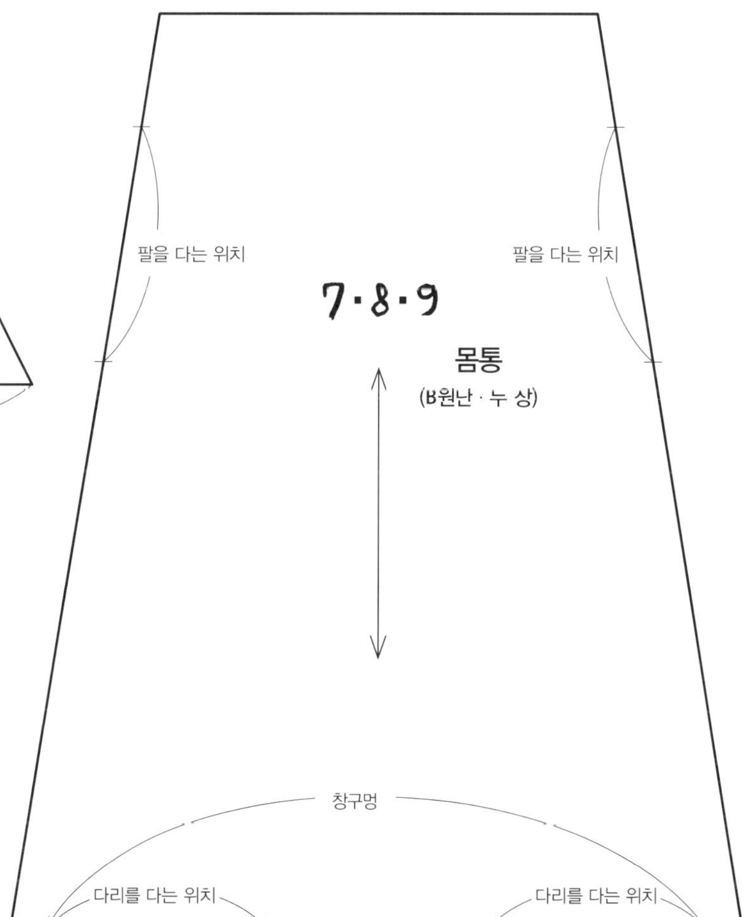

No. 10 하얀 강아지

재료

- A원단 (흰색 페이크 퍼/머리, 몸통) 50cm 폭 45cm
- 리본끈 (줄무늬 폭 1.5cm) 55cm
- 25번 자수실 (진한 갈색)
- 방울솜 적당량

※ 자수 방법은 36페이지 참고
※ 늘어나는 원단은 시접에 가위집을 내지 않아도 된다
※ 실물 크기 도안은 55페이지

만드는 방법

1. 머리와 몸통을 연결한다

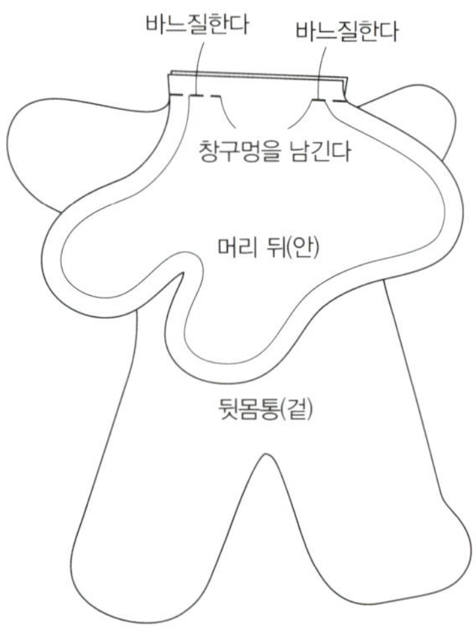

※ 앞판은 창구멍 없이 머리 앞과 앞몸통을 연결한다

2. 앞과 뒤를 합치고 완성선을 따라 바느질한다

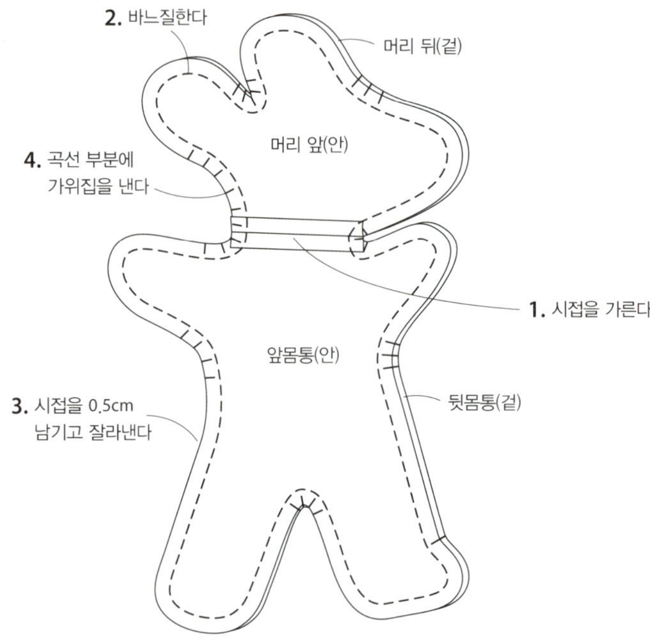

3. 겉으로 뒤집고 솜을 채운다

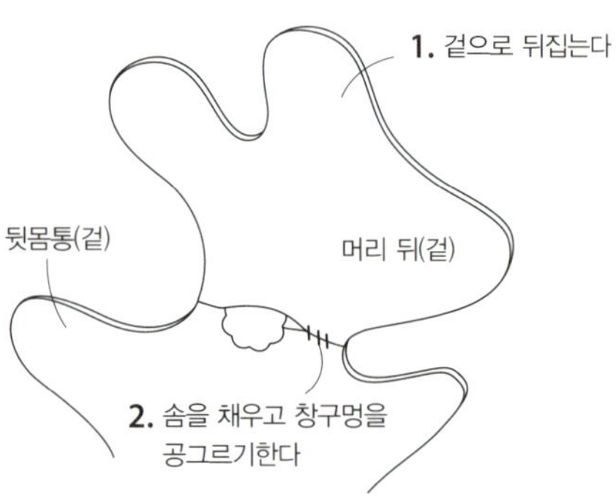

4. 수를 놓는다

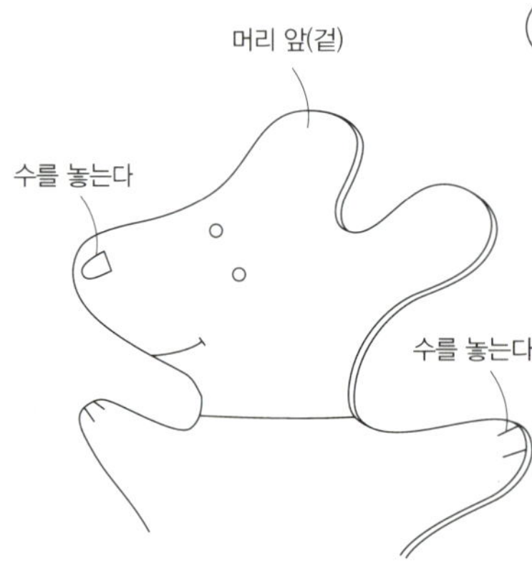

5. 목에 리본끈을 묶는다

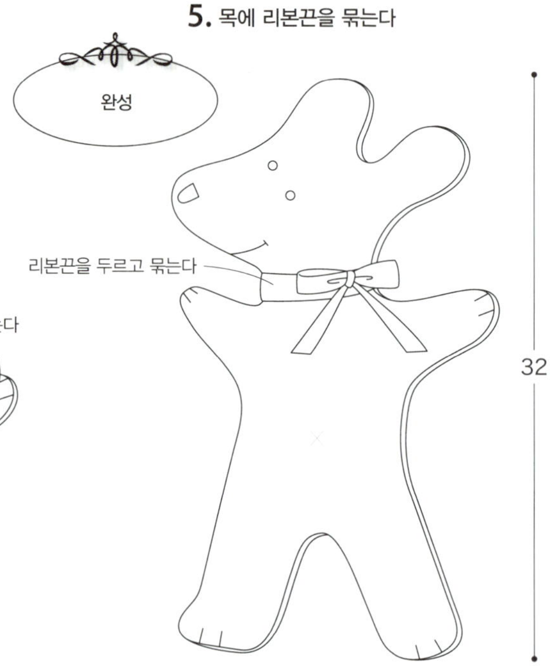

No. 10 하얀 강아지

실물 크기 도안

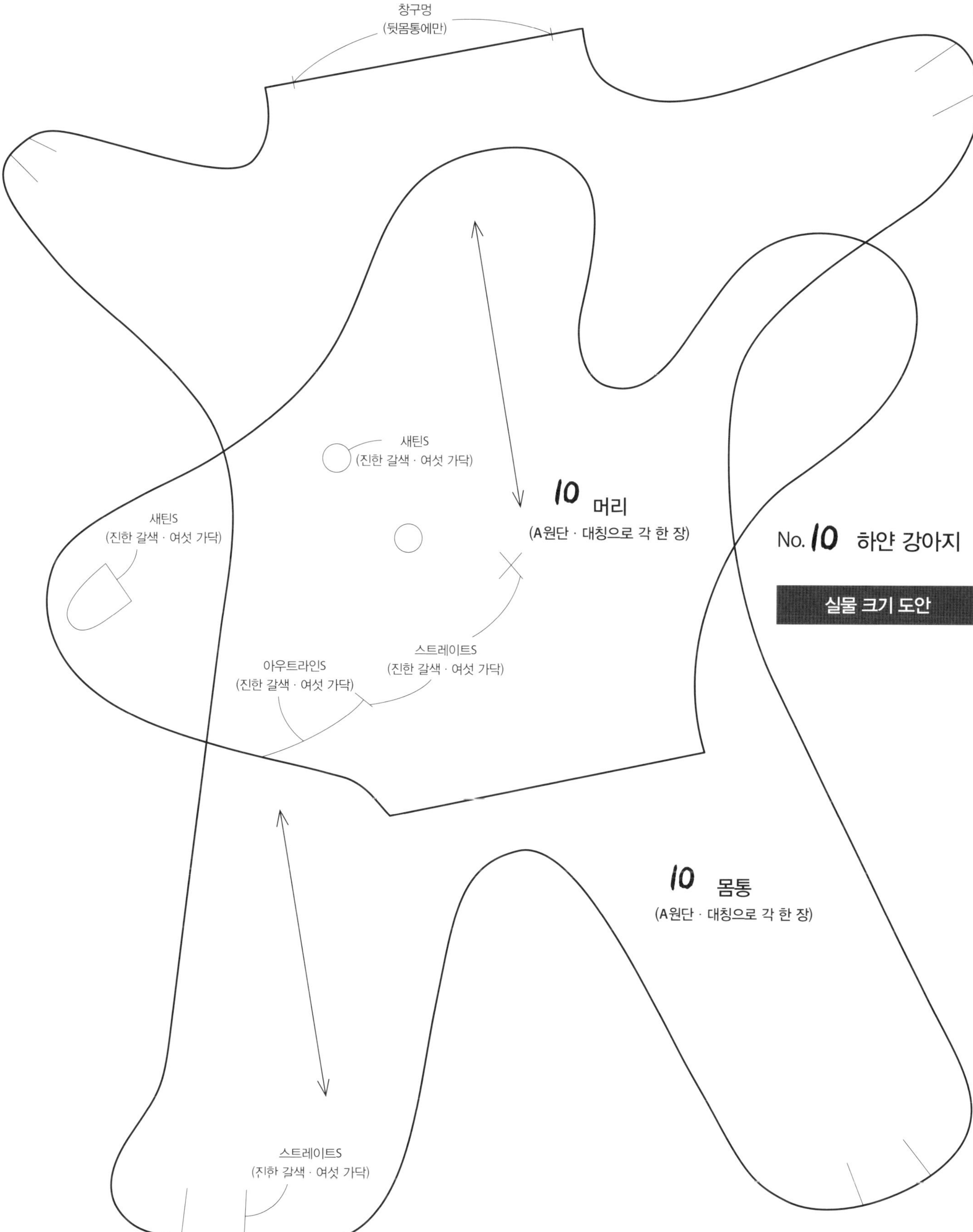

No. 11 느긋한 강아지

재료

- A원단 (회색 꽃무늬 보아/머리 뒤, 몸통, 귀, 팔, 다리) 60cm 폭 50cm
- B원단 (진한 감색 보아/머리 앞a) 10cm 폭 10cm
- C원단 (연한 회색 보아/머리 앞b) 10cm 폭 10cm
- D원단 (진한 갈색 울/코) 3cm 폭 3cm
- 끈 (굵기 5mm/검은색) 10cm
- 25번 자수실 (베이지색, 빨간색, 검은색)

방울솜 적당량

※ 자수 방법은 36페이지 참고

※ 실물 크기 도안은 57 페이지

만드는 방법

1. 귀를 바느질한다

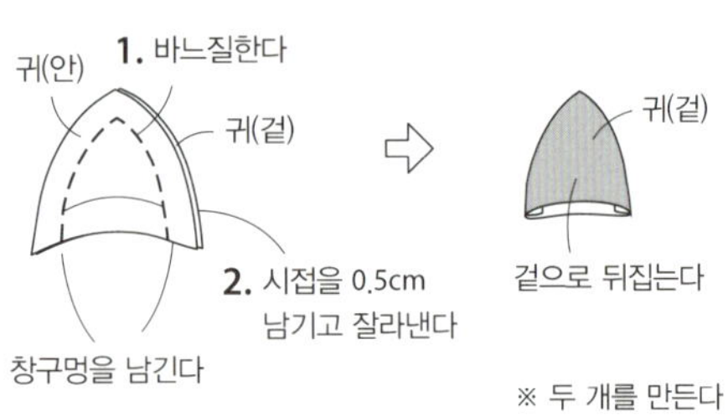

2. 머리 앞을 바느질하고 얼굴을 만든다 귀를 임시로 고정한다

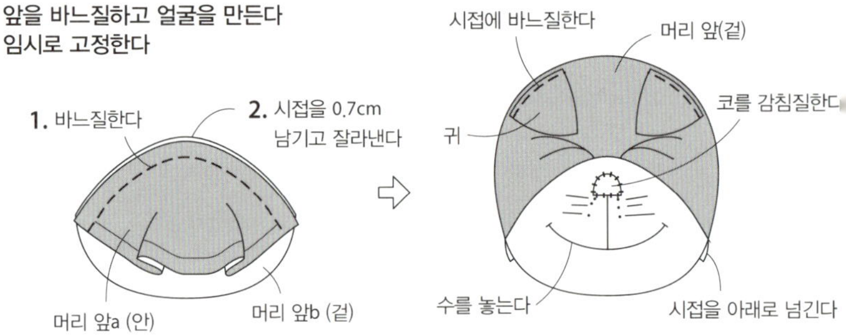

3. 머리 앞과 뒤를 연결하고 솜을 채운다

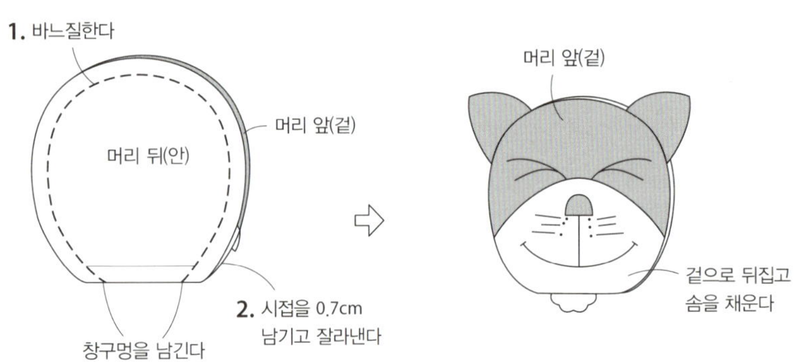

4. 몸통과 팔을 연결한다

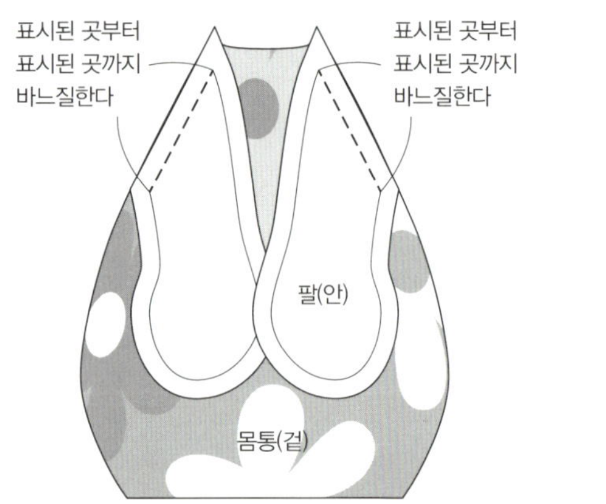

※ 두 장을 같은 방법으로 만든다

5. 다리를 바느질하고 솜을 채운다. 바늘땀을 중심에 맞춰 바느질한다

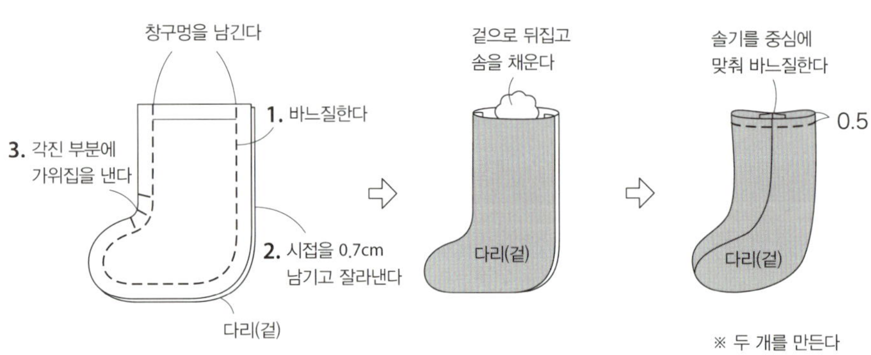

※ 두 개를 만든다

6. 앞몸통에 다리를 임시로 고정한다

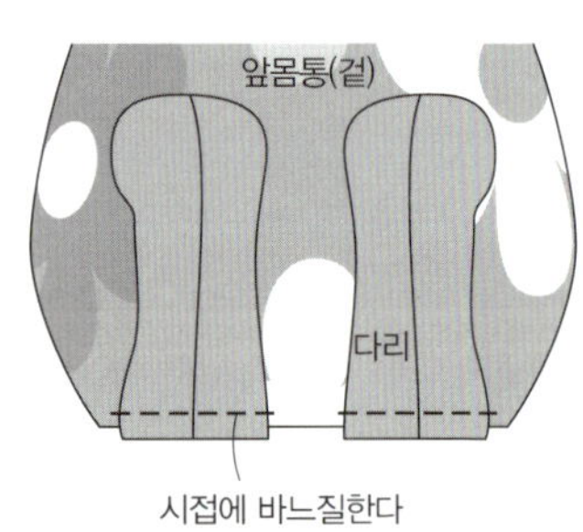

7. 몸통을 합치고 팔부터 몸통까지 바느질한다

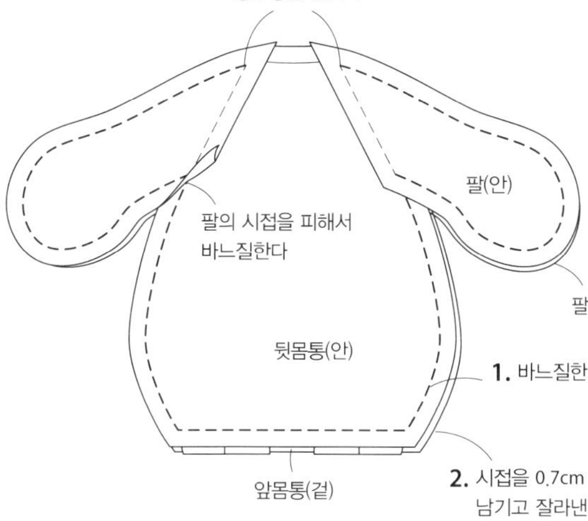

8. 겉으로 뒤집고 솜을 채운다

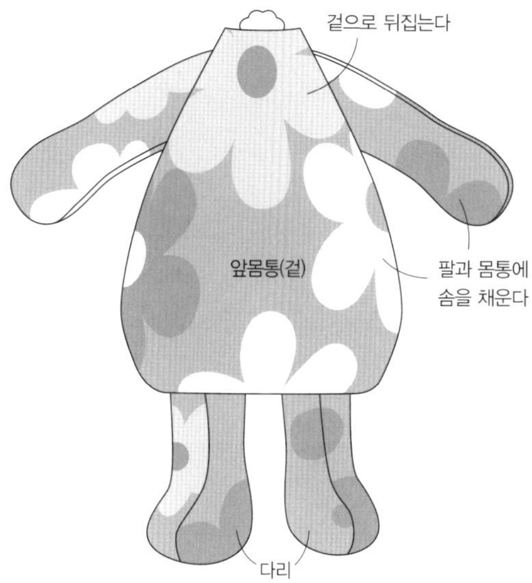

9. 몸통에 꼬리를 단다

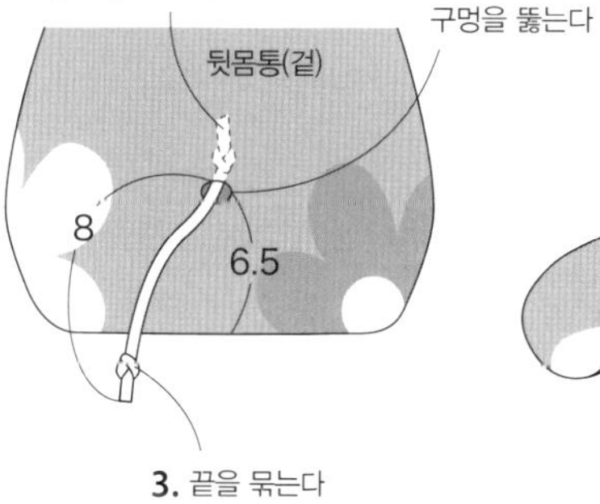

10. 머리와 몸통을 연결한다

완성

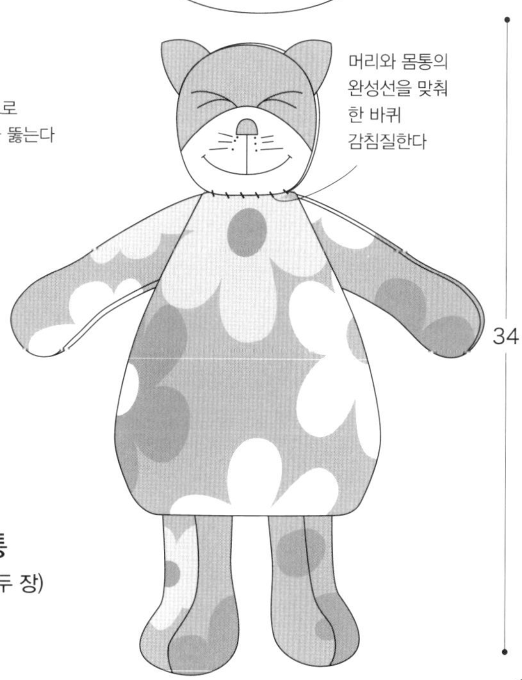

다리를
다는
위치
다리를
다는
위치
팔을 다는 위치
창구멍
팔을 다는 위치
11 몸통
(A원단 · 두 장)

No. 11 느긋한 강아지

실물 크기 도안

No. 11 느긋한 강아지

실물 크기 도안

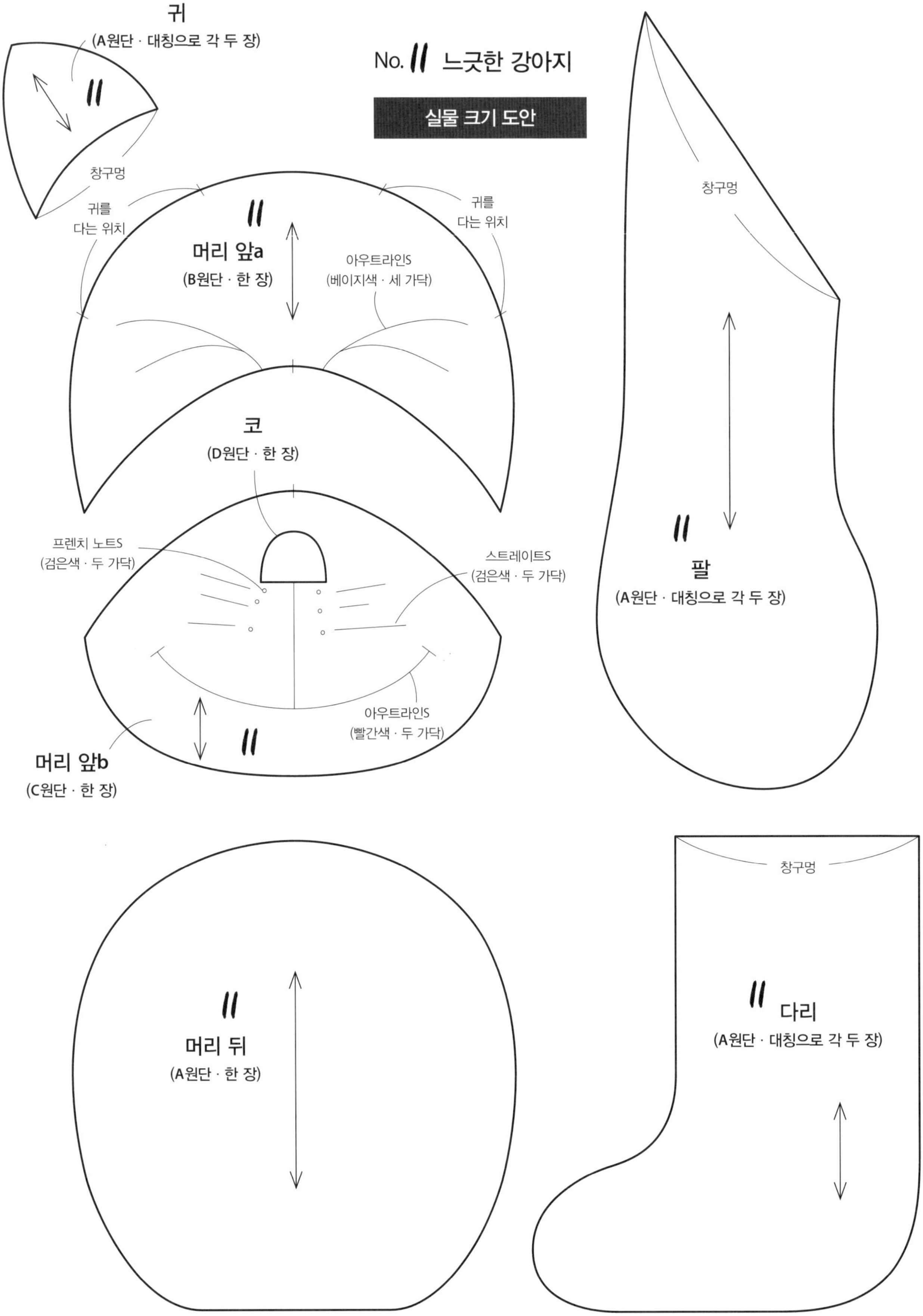

No. 12 아메리칸 베어

재료

- A원단 (감색 도트무늬 면/몸통, 꼬리) 40cm 폭 35cm
- B원단 (파란색 줄무늬 면/팔, 다리, 나비넥타이) 30cm 폭 20cm
- 펠트A (흰색/눈) 5cm 폭 3cm
- 펠트B (베이지색/코 주변) 5cm 폭 5cm
- 펠트C (진한 갈색/코) 2cm 폭 2cm
- 단추 (지름 1cm · 회색) 두 개
- 25번 자수실 (검은색, 베이지색, 갈색, 분홍색)
- 방울솜 적당량

※ 자수 방법은 36페이지 참고 ※ 실물 크기 도안은 60페이지

만드는 방법

1. 팔을 바느질하고 솜을 채운다. 같은 방법으로 다리를 만든다

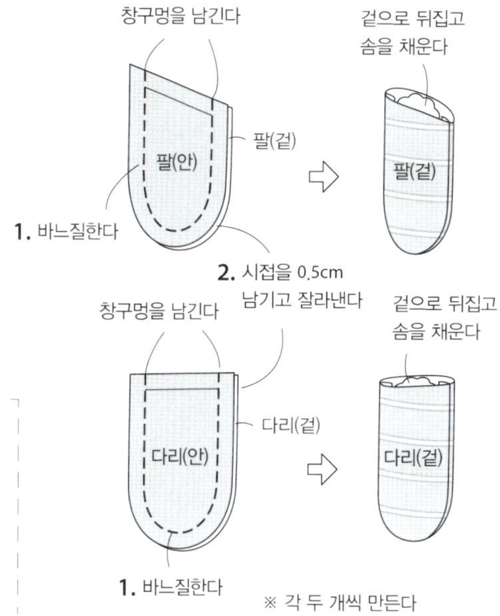

2. 앞몸통에 얼굴을 만든다

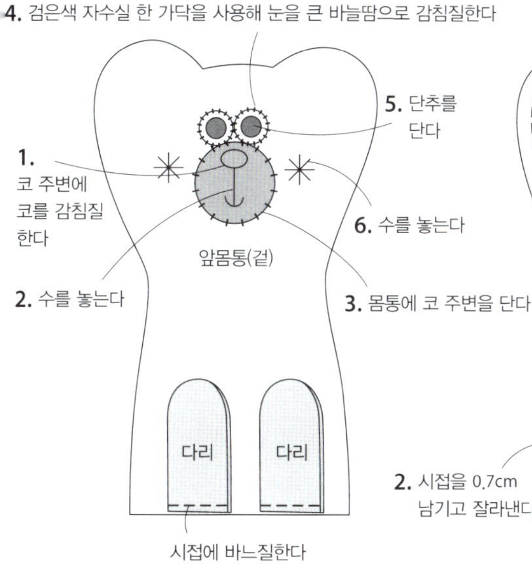

3. 앞몸통과 뒷몸통을 연결한다

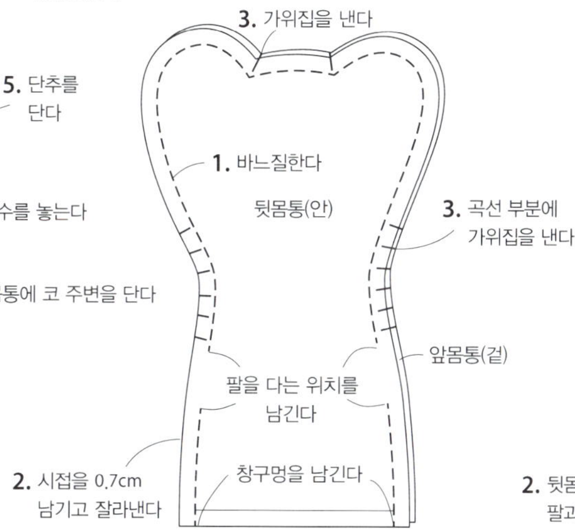

4. 겉으로 뒤집고 솜을 채운다

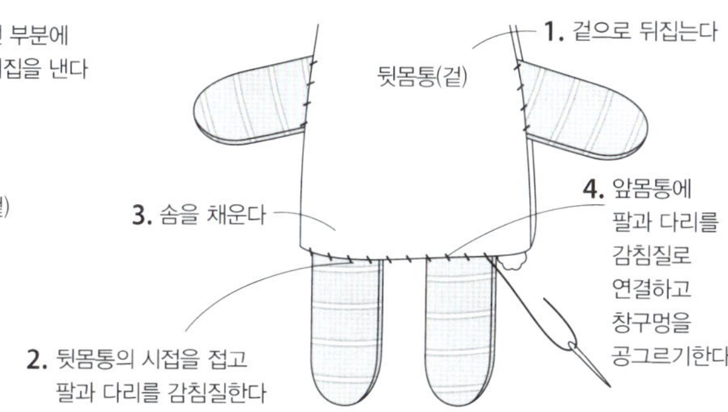

5. 꼬리를 만들어 몸통에 단다

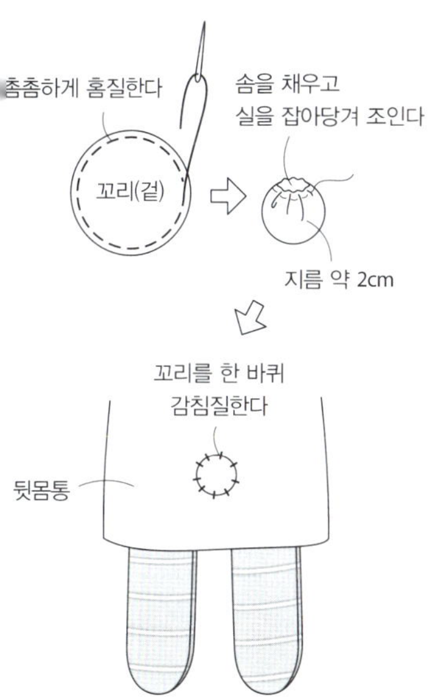

6. 나비넥타이를 만든다

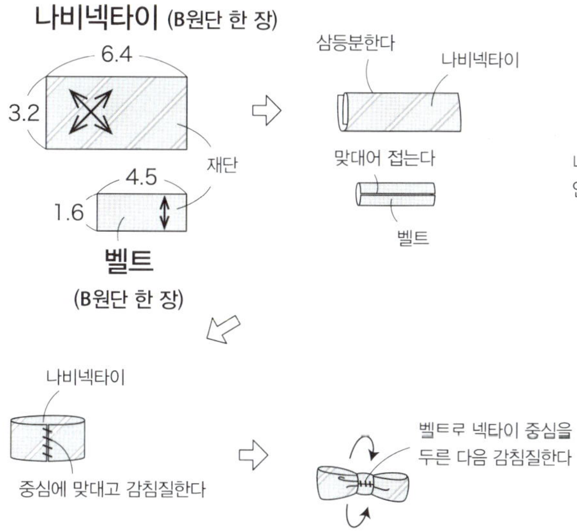

7. 나비넥타이를 단다

완성

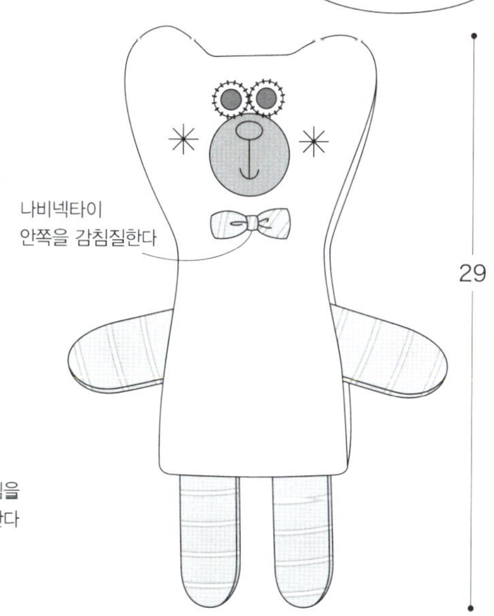

No. 12 아메리칸 베어

실물 크기 도안

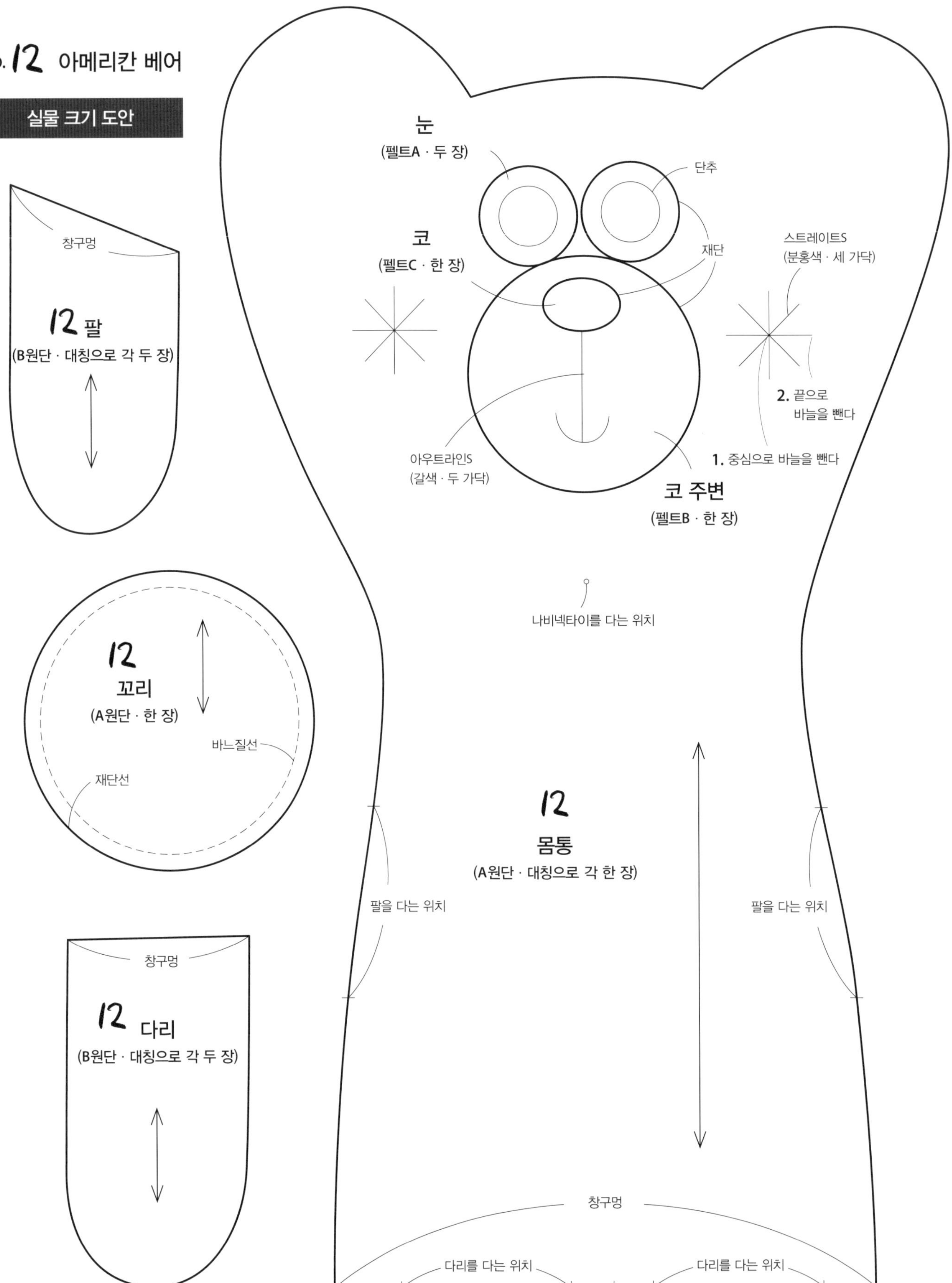

No. 13 컨트리 베어

재료

- A원단 (아이보리색 와플 원단/머리 위) 15cm 폭 10cm
- B원단 (연한 오렌지색 울/머리 아래) 20cm 폭 15cm
- C원단 (연한 보라색 무지 리넨/몸통 위) 20cm 폭 10cm
- D원단 (파란색 줄무늬 기모면/몸통 아래) 20cm 폭 10cm
- E원단 (흰색 보아/머리 뒤, 바깥쪽 귀) 25cm 폭 20cm
- F원단 (연두색 무늬 니트 원단/안쪽 귀) 20cm 폭 10cm
- G원단 (갈색 무늬 기모면/팔) 30cm 폭 15cm
- H원단 (보라색 줄무늬 면/다리) 30cm 폭 15cm
- I원단 (검은색 체크무늬 플란넬/코) 5cm 폭 5cm
- J원단 (갈색 니트 원단 면/코 주변) 10cm 폭 10cm
- K원단 (아이보리색 무지 면/눈) 5cm 폭 3cm
- 25번 자수실 (베이지색, 진한 갈색, 초록색)
- 단추 (지름 0.5cm · 검은색) 두 개
- 단추 (지름 1.5cm · 검은색, 하늘색) 한 개씩
- 방울솜 적당량

※ 자수 방법은 36페이지 참고

※ 모든 부위가 좌우대칭은 아니므로 주의한다

※ 실물 크기 도안은 62페이지

만드는 방법

1. 머리 위와 아래를 연결하고 얼굴을 만든다

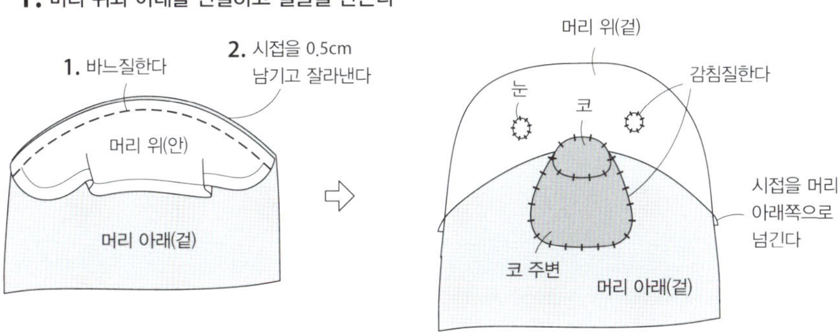

2. 무늬가 바뀌는 부분을 바느질하고 앞몸통을 만든다

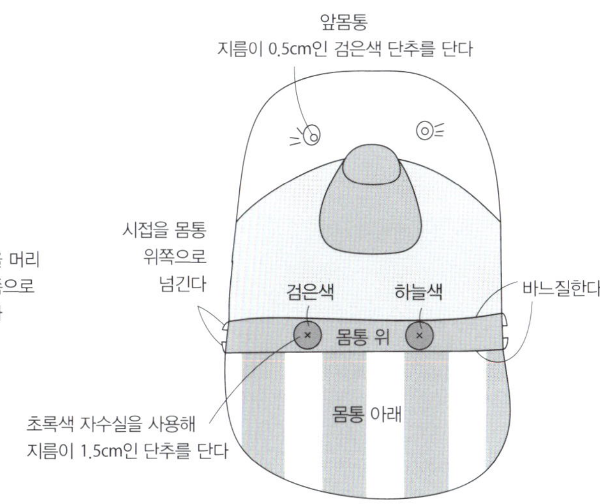

3. 무늬가 바뀌는 부분을 바느질하고 뒷몸통을 만든다

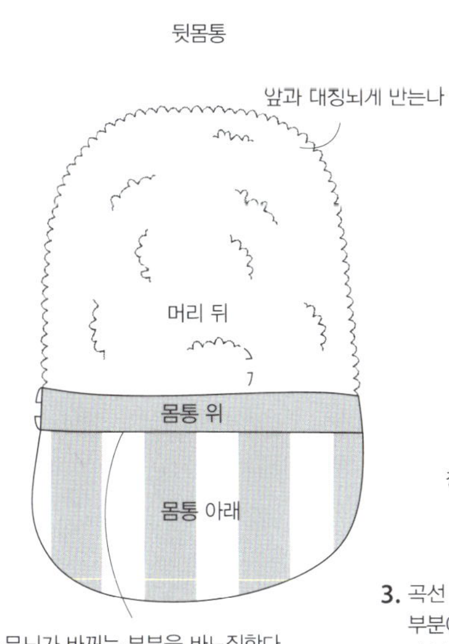

4. 귀를 바느질하고 양 끝을 접어 바느질한다

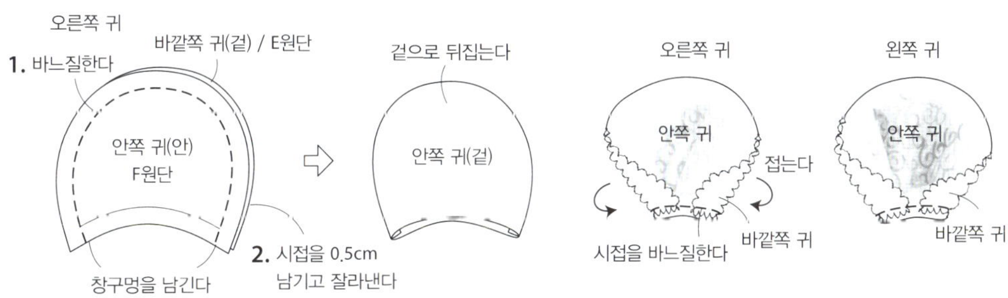

5. 팔을 바느질하고 솜을 채운다

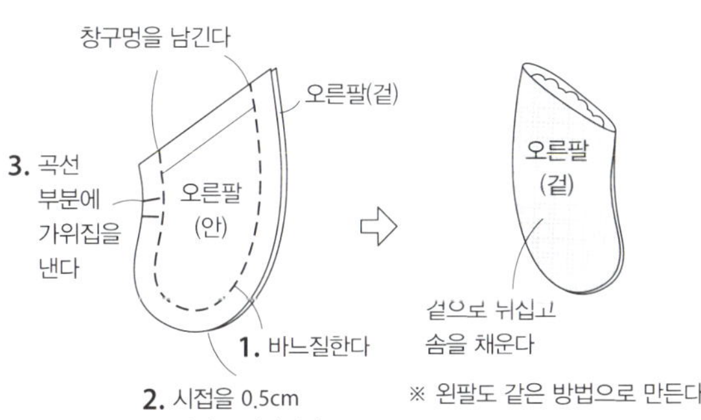

6. 다리를 바느질하고 솜을 채운다

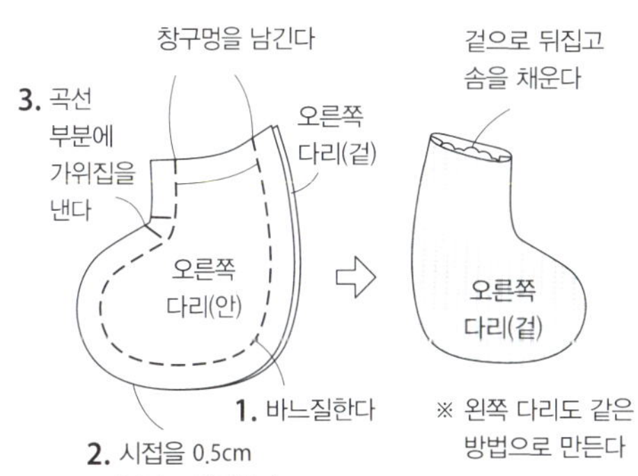

7. 앞몸통에 귀, 팔, 다리를 임시로 고정한다

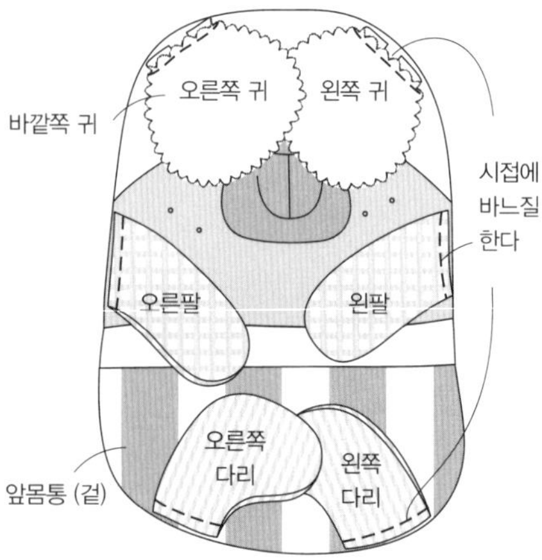

8. 앞과 뒤를 합치고 완성선을 따라 바느질한다

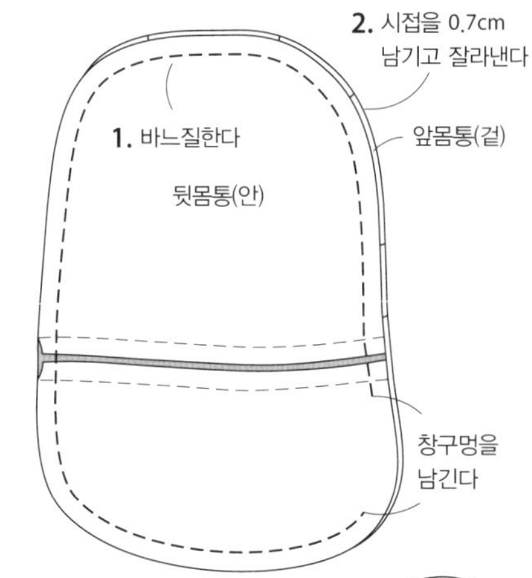

9. 겉으로 뒤집고 솜을 채운다

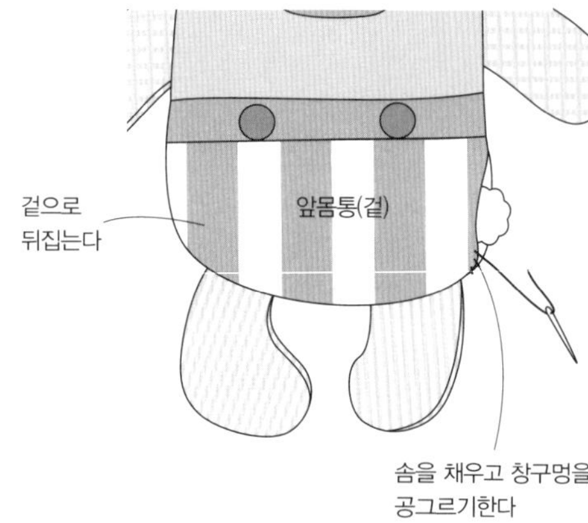

No. 13 컨트리 베어

완성

실물 크기 도안

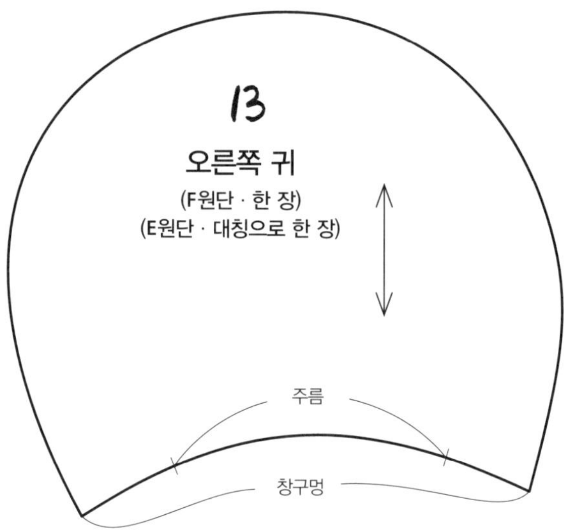

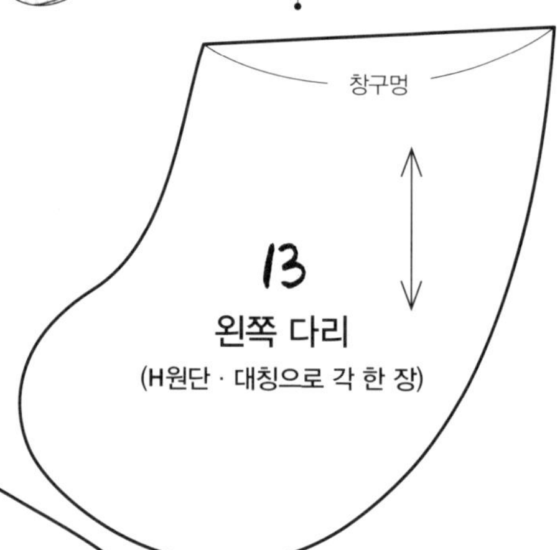

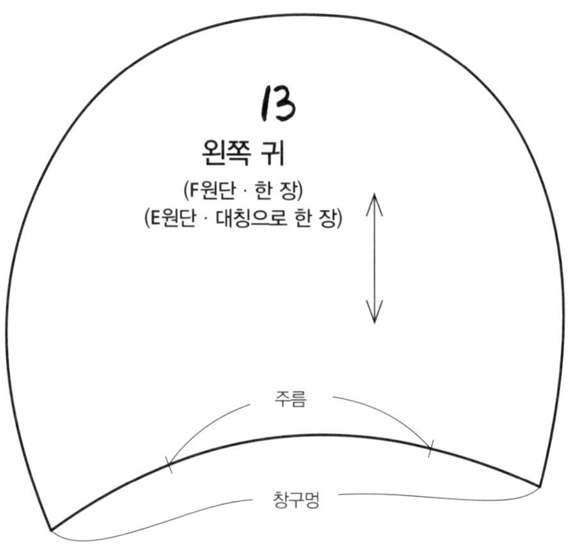

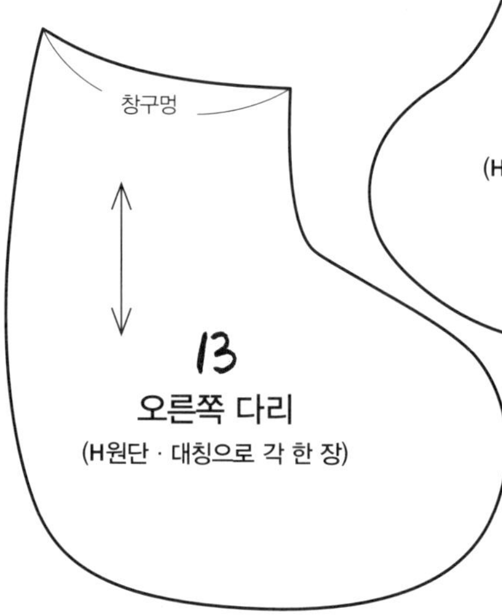

No. 13 컨트리 베어

실물 크기 도안

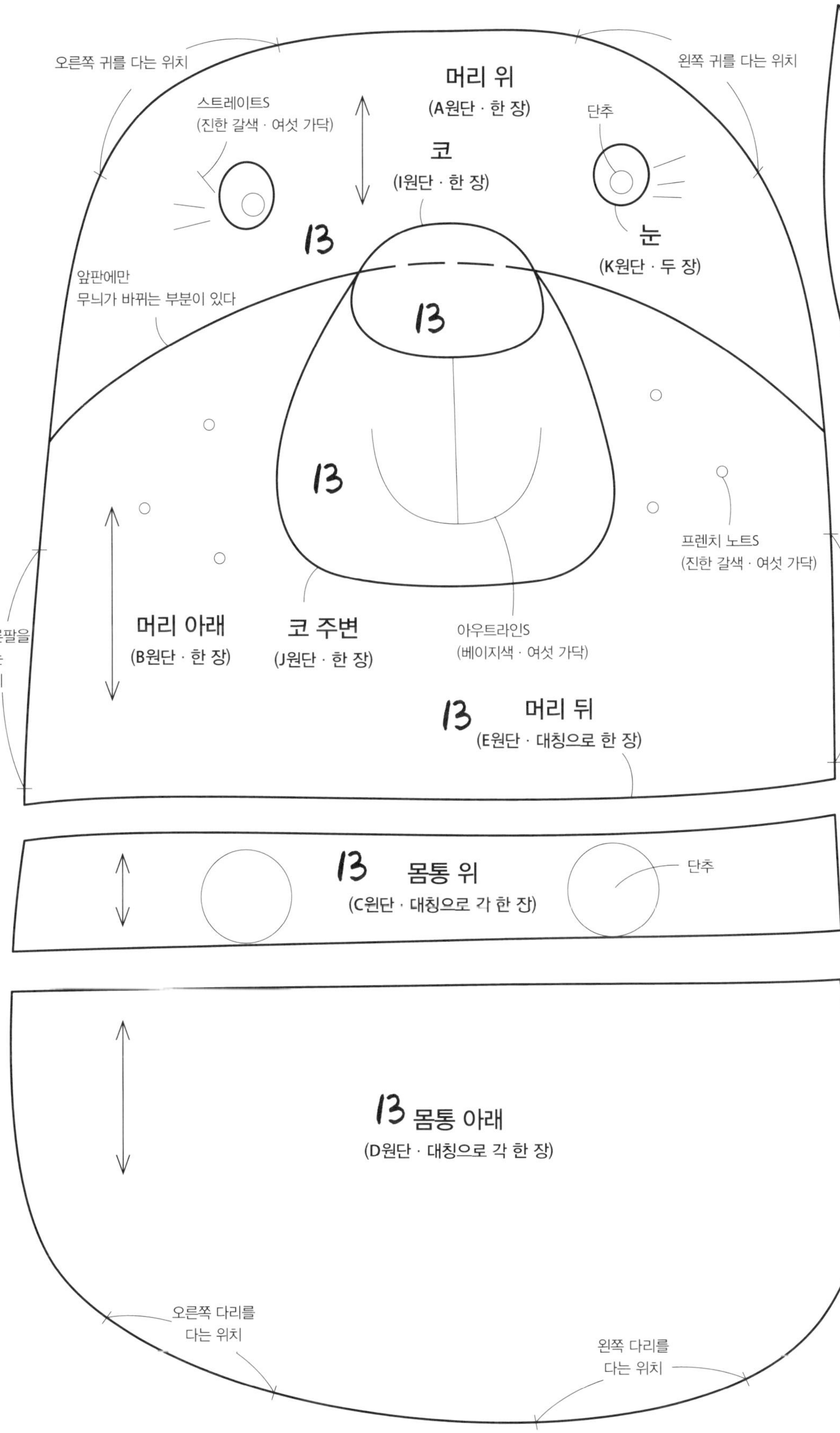

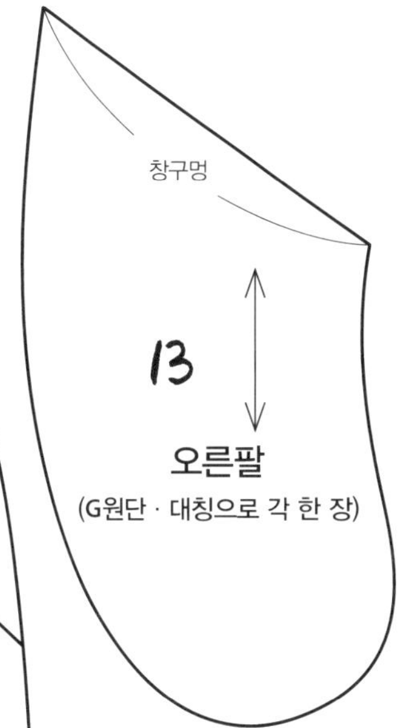

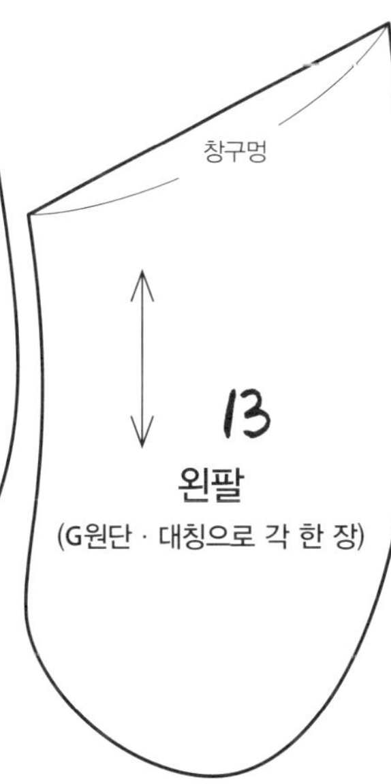

No. 14 다람쥐

재료

- A원단 (베이지색 울/머리, 팔, 다리) 25cm 폭 25cm
- B원단 (머스터드색 면 코듀로이/머리 가운데 모양, 귀, 꼬리) 30cm 폭 25cm
- C원단 (체크무늬 울/몸통) 20cm 폭 10cm
- 펠트 (진한 갈색/눈) 3cm 폭 3cm
- 펄 비즈 (지름 0.5cm) 두 개
- 펄 비즈 (지름 0.3cm) 한 개
- 단추 (지름 1cm · 갈색) 두 개
- 레이스 (폭 1.5cm · 흰색) 30cm
- 리본끈 (폭 0.5cm · 갈색 체크무늬) 15cm
- 25번 자수실 (진한 갈색)
- 방울솜 적당량

※ 자수 방법은 36페이지 참고

※ 몸통에 바늘을 통과시켜 팔을 바느질하므로 긴 바늘을 사용한다

※ 실물 크기 도안은 66페이지

만드는 방법

1. 머리에 가운데 모양을 단다

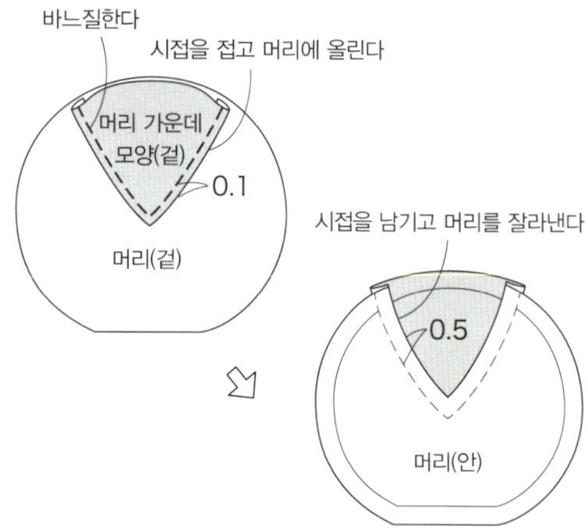

2. 머리와 몸통, 다리를 바느질한다

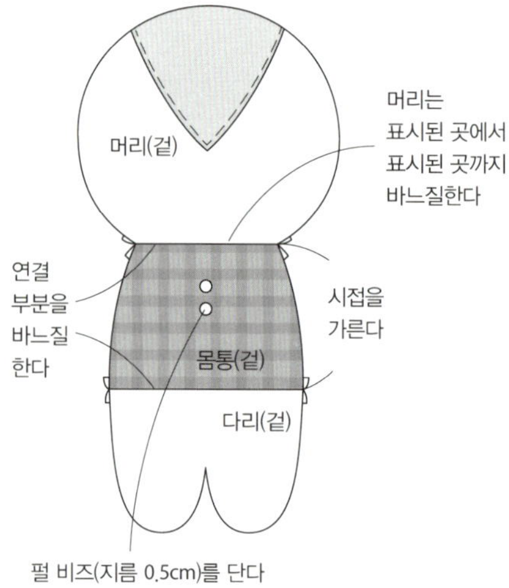

3. 머리에 눈을 감침질로 달고 수를 놓는다

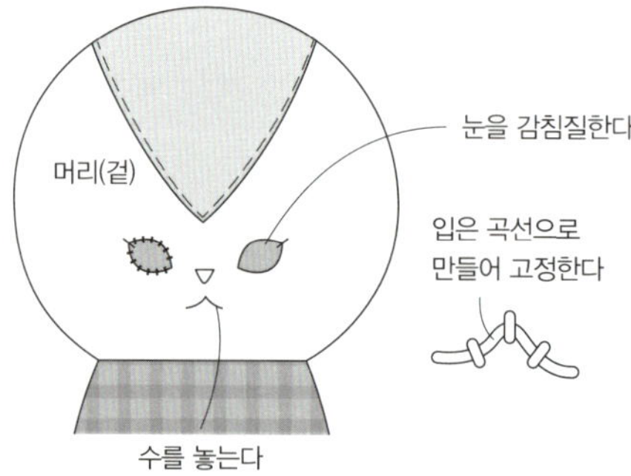

4. 앞과 뒤를 합치고 가장자리를 바느질한다

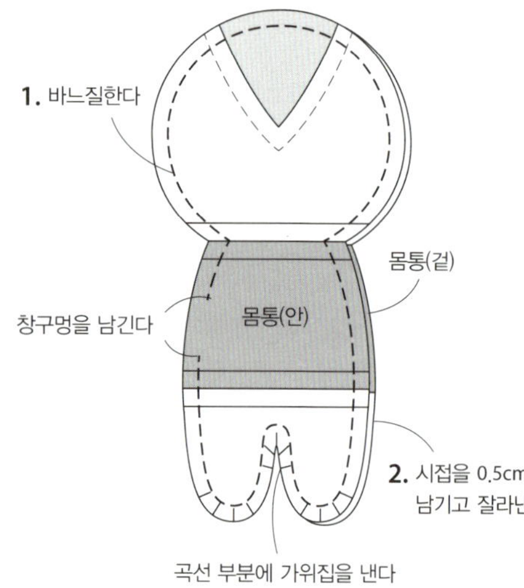

5. 겉으로 뒤집고 솜을 채운다

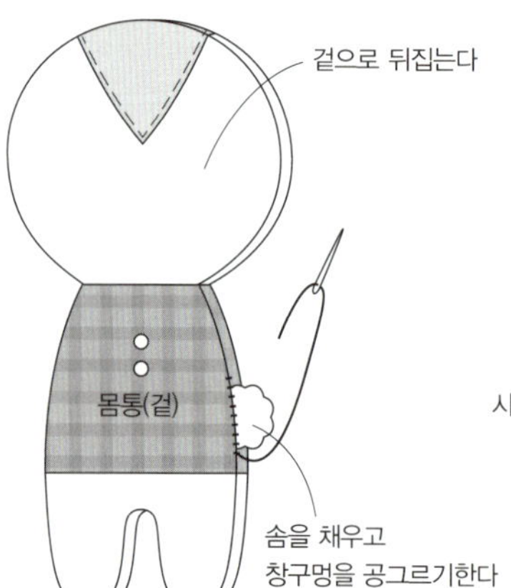

6. 귀를 바느질한다

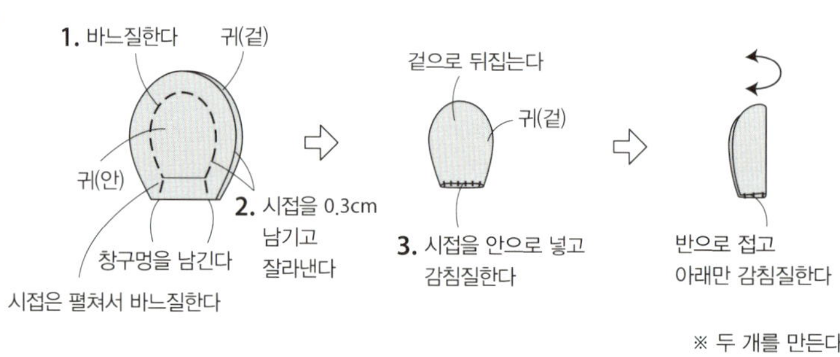

7. 머리 뒤에 귀를 단다

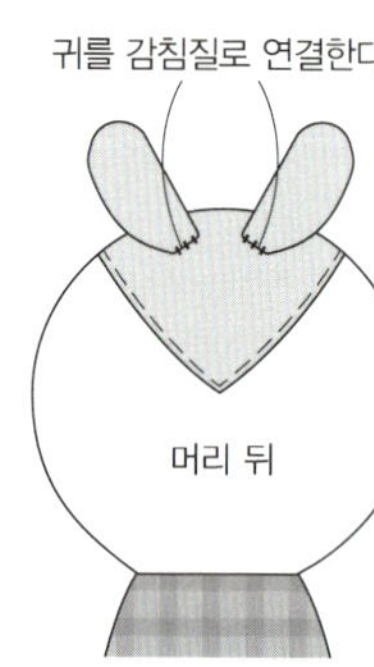

8. 팔을 바느질하고 솜을 채운다

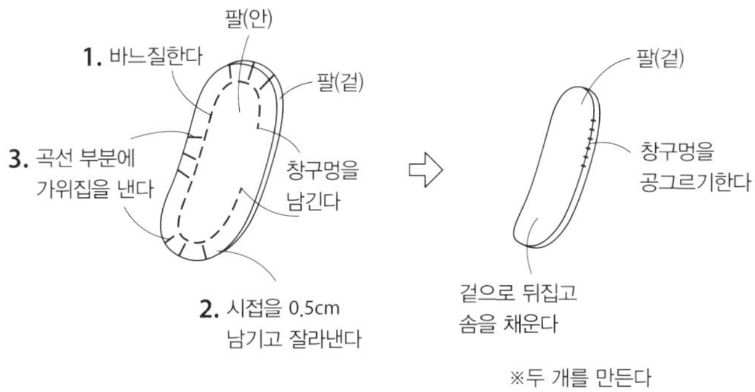

9. 몸통에 팔을 연결한다

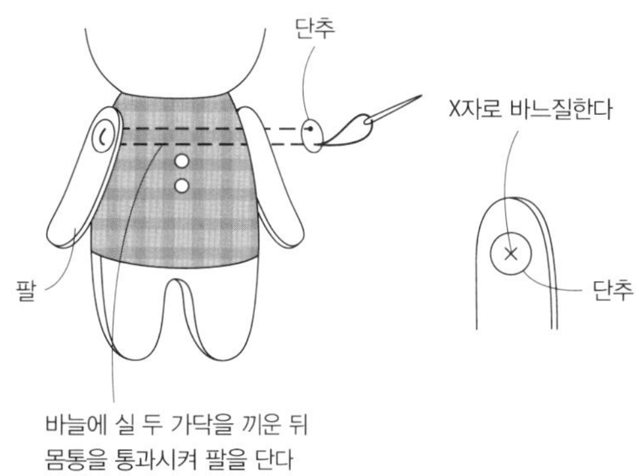

10. 목과 밑단에 레이스를 단다

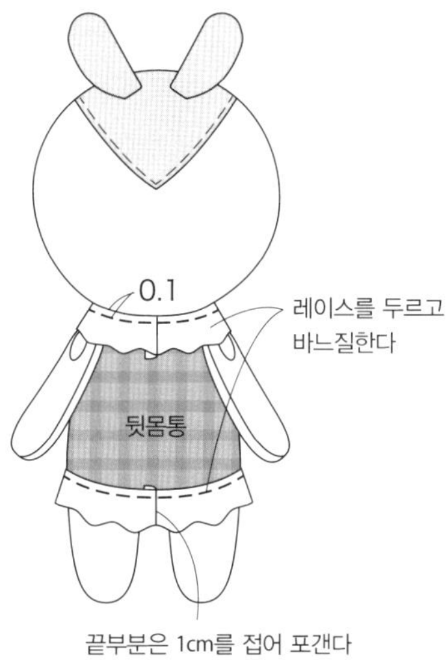

11. 꼬리를 바느질하고 솜을 채운다

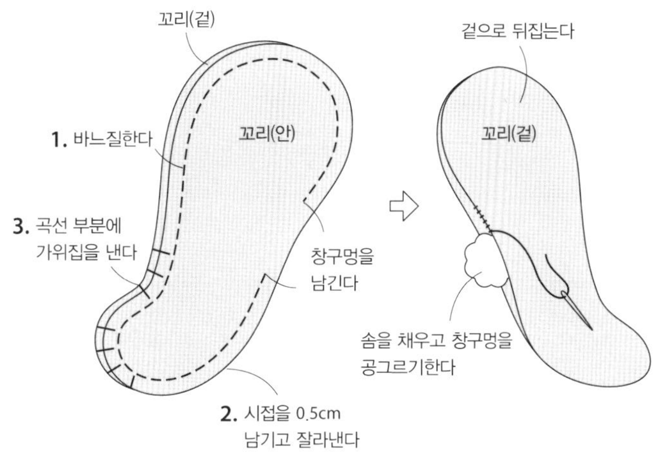

12. 뒷몸통에 꼬리를 단다

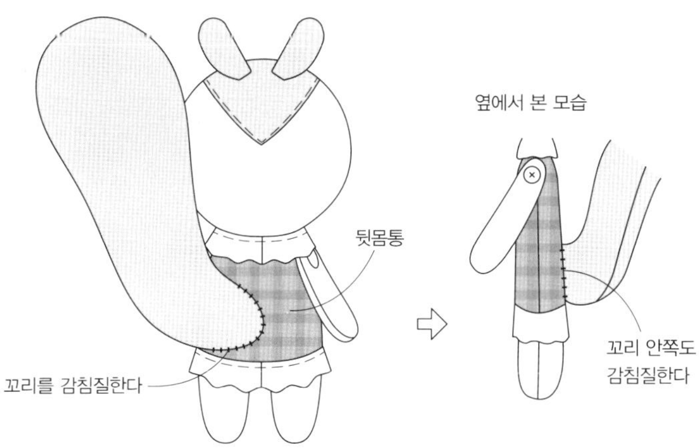

13. 리본을 만들어 머리에 단다

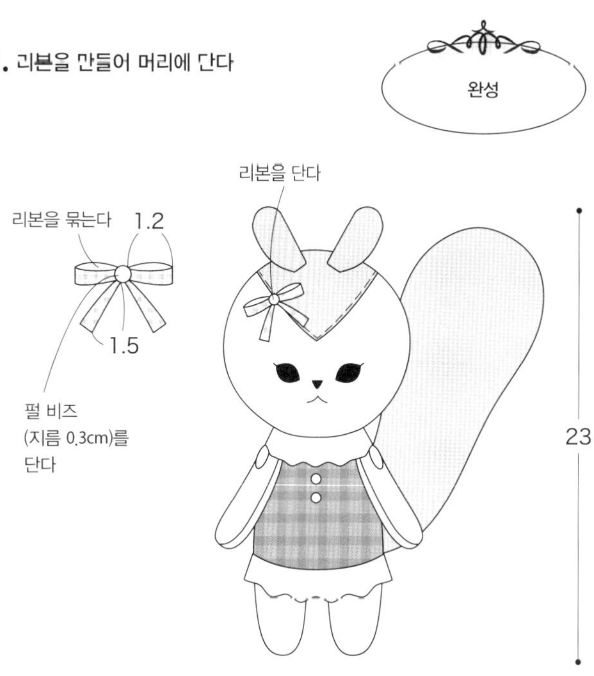

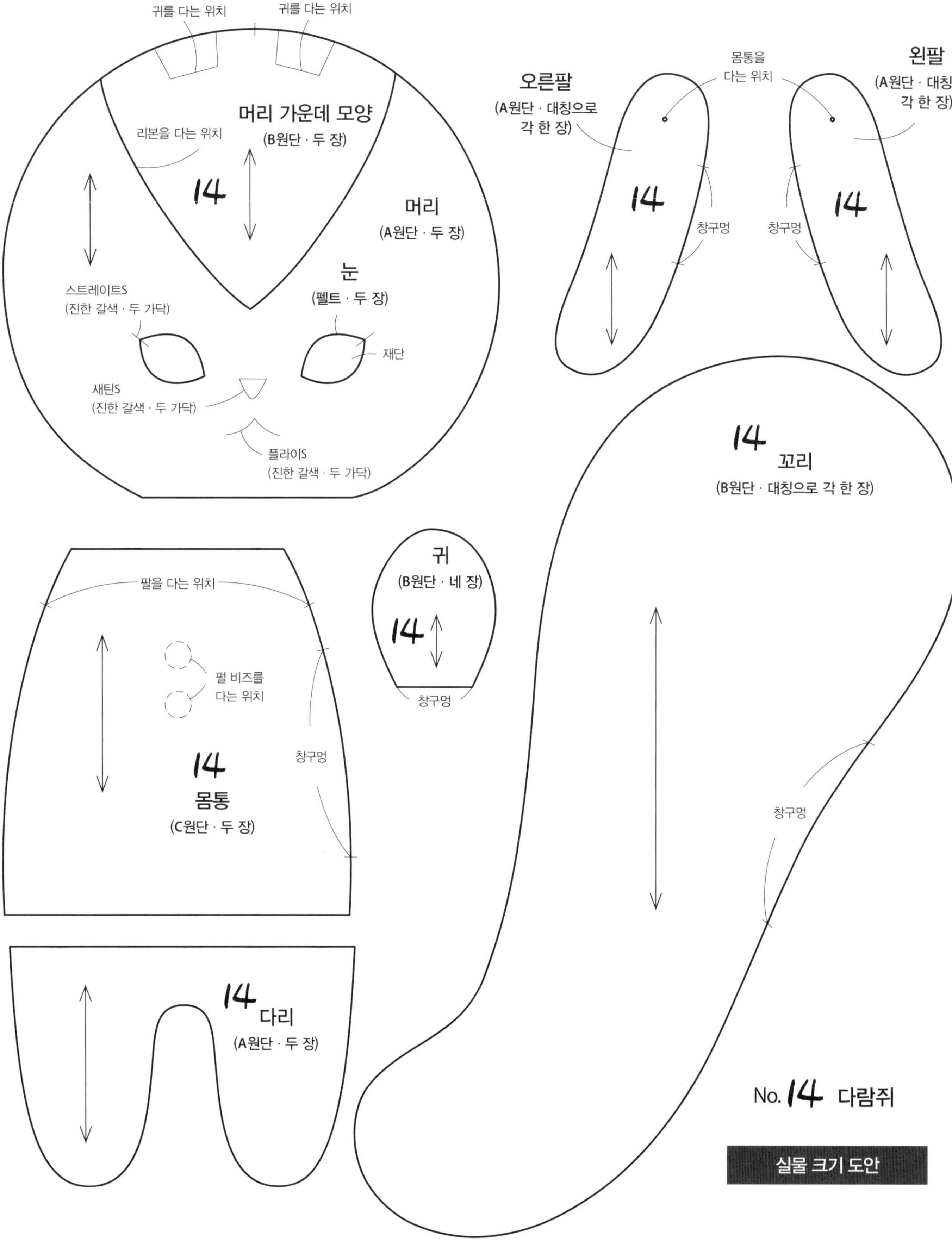

No.14 다람쥐

실물 크기 도안

No. 15 원숭이

재료

- A원단 (갈색 직물 면/몸통, 팔, 다리) 55cm 폭 40cm
- B원단 (붉은 갈색 직물 면/배) 10cm 폭 15cm
- C원단 (베이지색 무지 면/얼굴) 10cm 폭 8cm
- D원단 (베이지색 직물 면/안쪽 귀) 10cm 폭 10cm
- E원단 (갈색 코듀로이/바깥쪽 귀) 10cm 폭 10cm
- F원단 (아이보리색 무지/눈) 5cm 폭 5cm
- G원단 (갈색과 하늘색 체크무늬/나비넥타이) 8cm 폭 10cm
- 가죽 (갈색) 5cm 폭 5cm
- 데님 조각 (바늘땀 부분/꼬리) 30cm 폭 1.5cm
- 접착 퀼팅솜 (얇은 것) 10cm 폭 10cm
- 25번 자수실 (갈색, 파란색)
- 8번 자수실 (이두운 빨간색)
- 방울솜 적당량

※ 자수 방법은 36페이지 참고

※ 몸통과 귀는 좌우대칭이 아니므로 주의한다

※ 실물 크기 도안은 69페이지

만드는 방법

1. 팔을 바느질하고 솜을 채운다
다리도 같은 방법으로 만든다

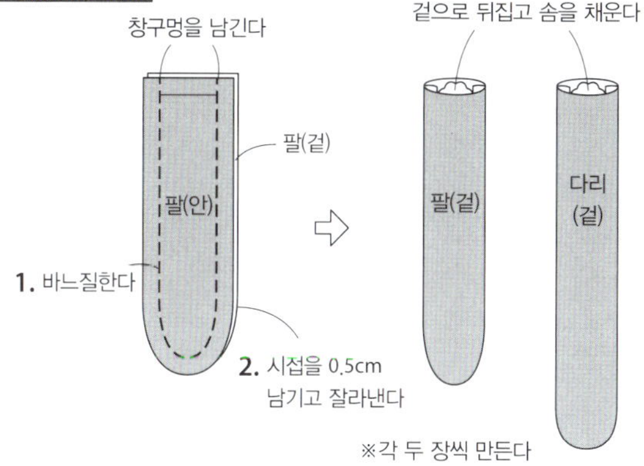

2. 귀를 바느질한다

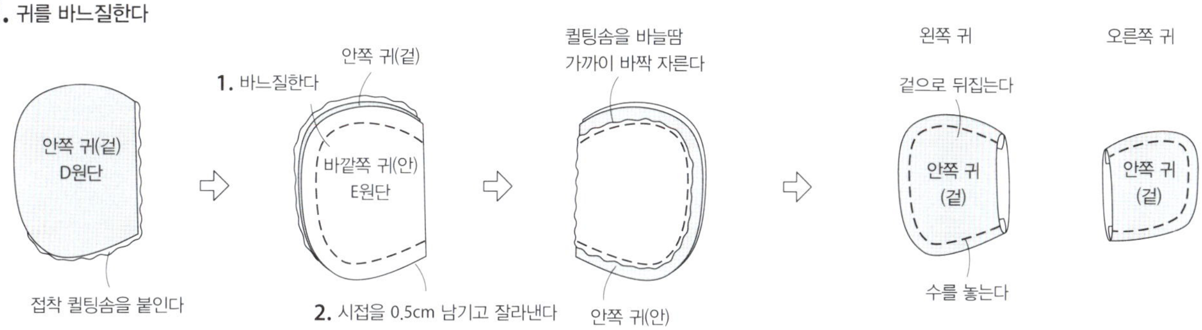

3. 몸통에 얼굴과 배를 감침질로 연결한다

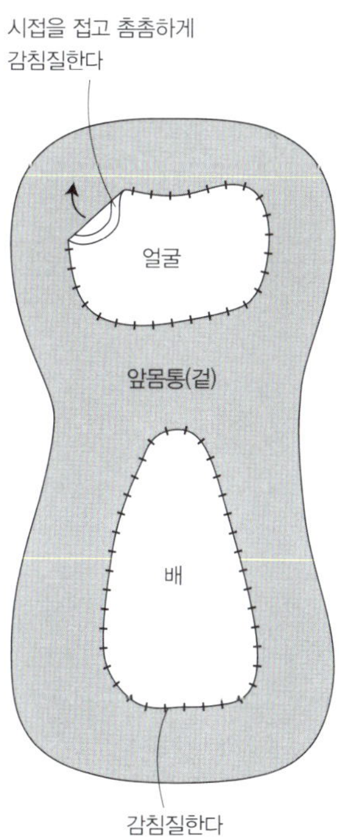

4. 수를 놓아 얼굴을 만든다

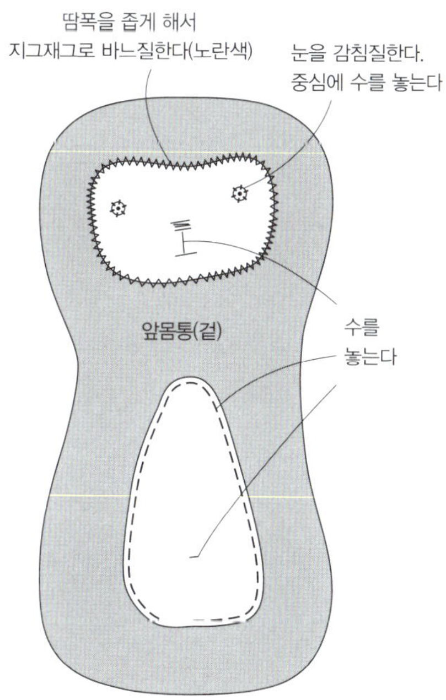

5. 귀와 팔, 다리를 몸통에 임시로 고정한다

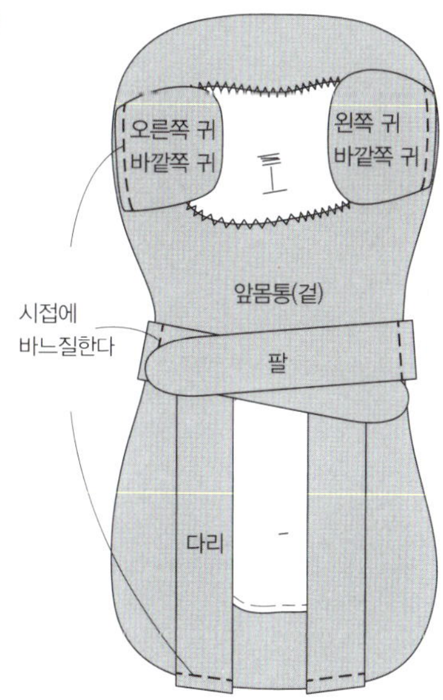

6. 앞몸통과 뒷몸통을 연결한다

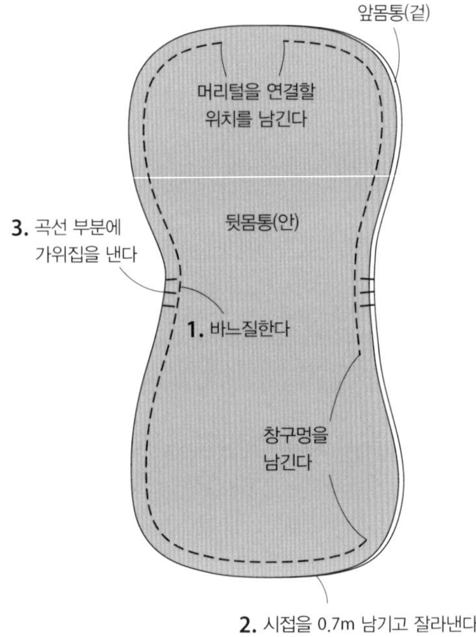

7. 겉으로 뒤집고 솜을 채운다. 머리털을 감침질한다

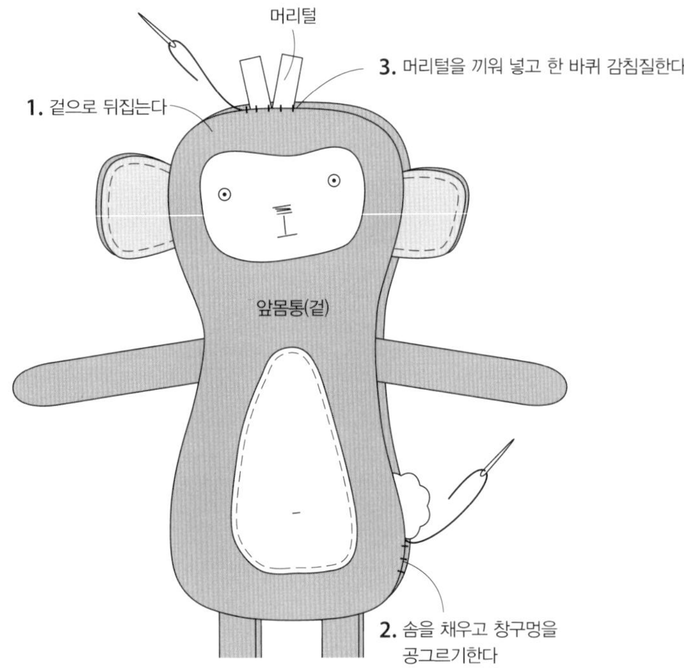

8. 나비넥타이를 바느질한다

※ 시접은 0.5cm

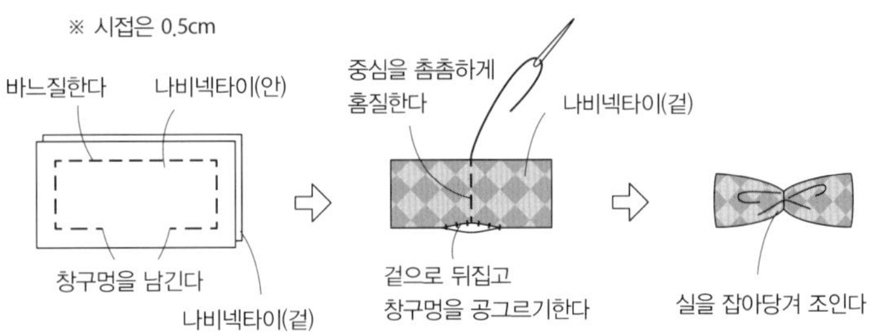

9. 꼬리를 뒷몸통에 단다

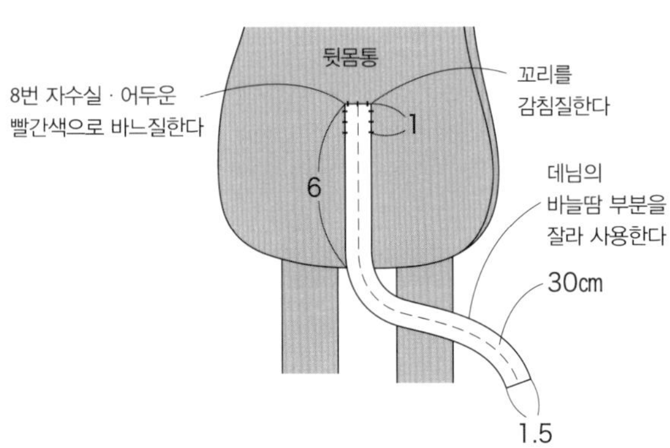

10. 나비넥타이를 단다

완성

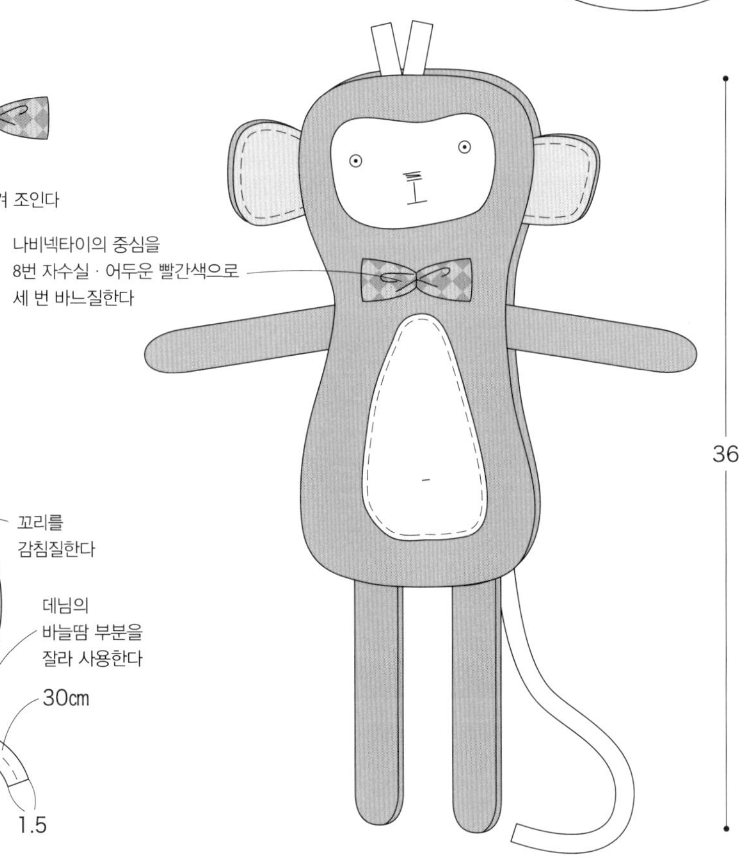

No. 15 원숭이

실물 크기 도안

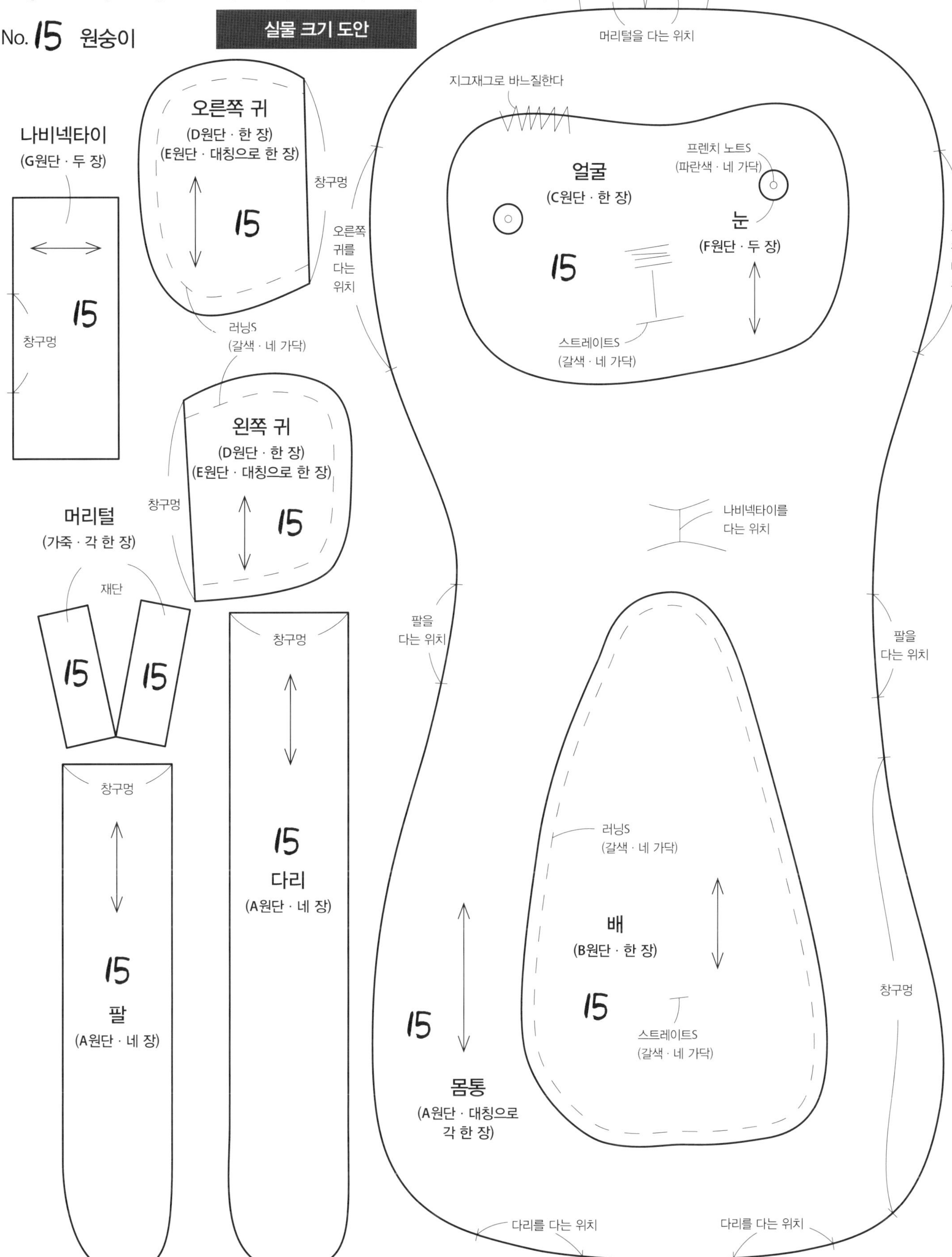

No. 16 · 17 여우 커플

16 재료

- A원단 (베이지색 무지 면/머리, 코, 바깥쪽 귀, 팔, 다리) 35cm 폭 35cm
- B원단 (붉은 갈색 체크무늬 면/앞몸통, 뒷몸통) 35cm 폭 30cm
- C원단 (겨자색 잔체크무늬 면/안쪽 귀, 꼬리 위, 꼬리 아래, 꼬리 뒤) 35cm 폭 20cm
- 단추 (지름 2.3cm · 조개 단추) 두 개
- 단추 (지름 1.5cm · 검은색) 한 개
- 바느질실 (검은색, 연두색)
- 방울솜 적당량

17 재료

- A원단 (감색 면/머리, 코, 안쪽 귀, 팔, 다리, 꼬리 위, 꼬리 아래, 꼬리 뒤) 40cm 폭 35cm
- B원단 (파란색 체크무늬 면/앞몸통, 뒷몸통, 바깥쪽 귀) 45cm 폭 35cm
- 단추 (지름 2.3cm · 조개 단추) 두 개
- 단추 (지름 1.2cm · 연두색) 한 개
- 바느질실 (초록색, 연두색)
- 방울솜 적당량

※ 자수 방법은 36페이지 참고

※ 실물 크기 도안은 72페이지

만드는 방법

1. 귀를 바느질하고 솜을 채운다

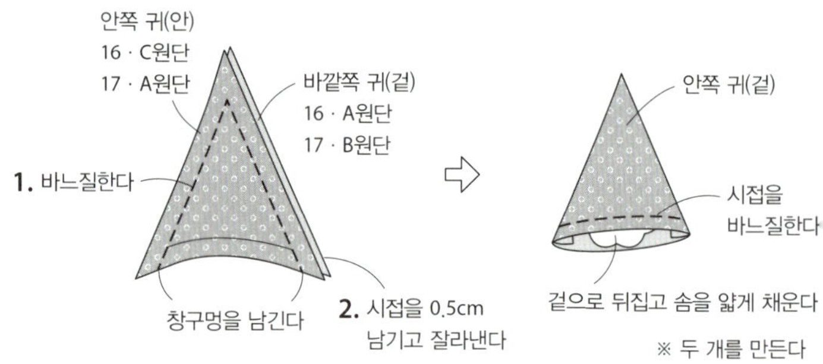

2. 팔을 바느질하고 솜을 채운다

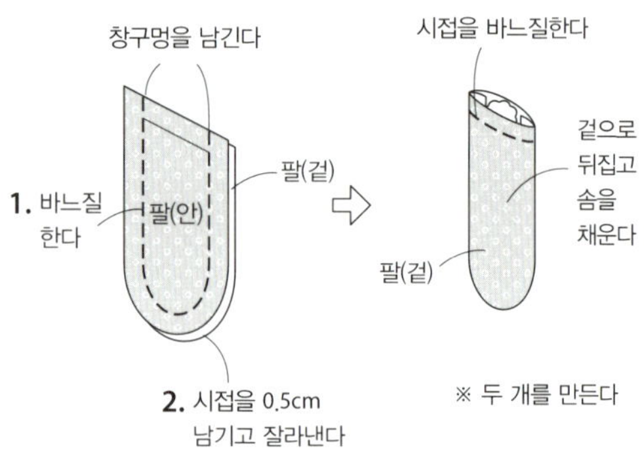

3. 다리를 바느질하고 솜을 채운다

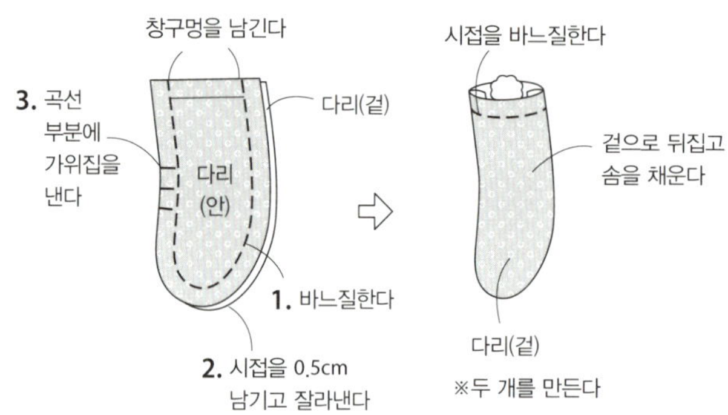

4. 앞몸통에 코를 감침질로 달고 솜을 채운다

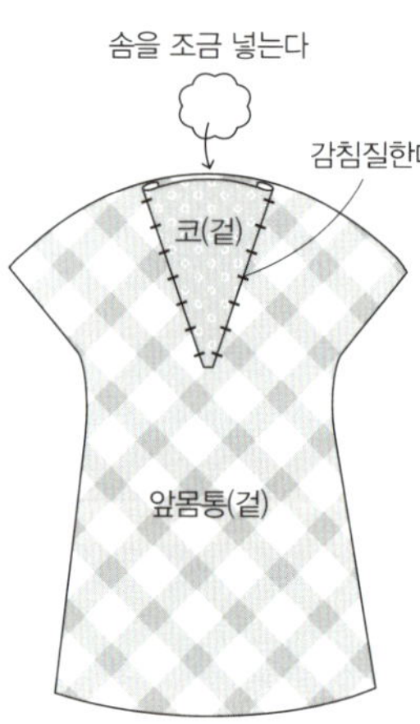

5. 앞몸통에 머리를 감침질한다

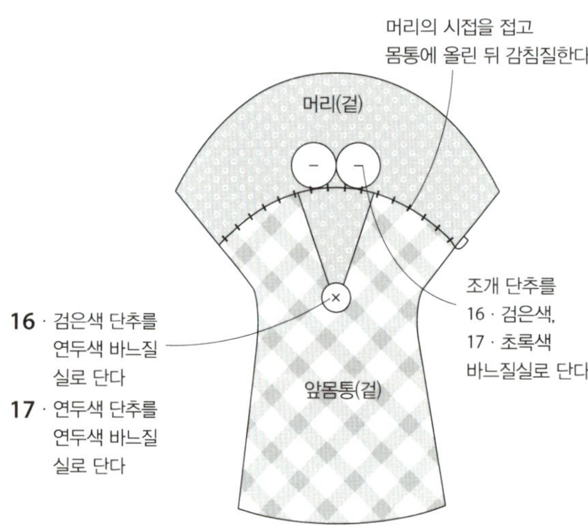

6. 앞몸통과 뒷몸통을 연결한다

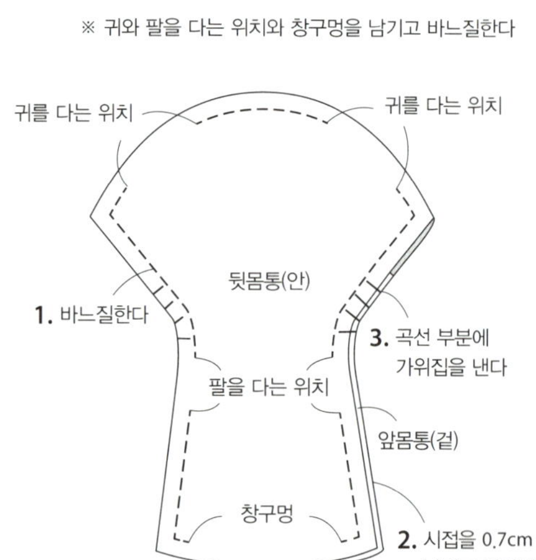

7. 겉으로 뒤집고 귀와 팔을 단다

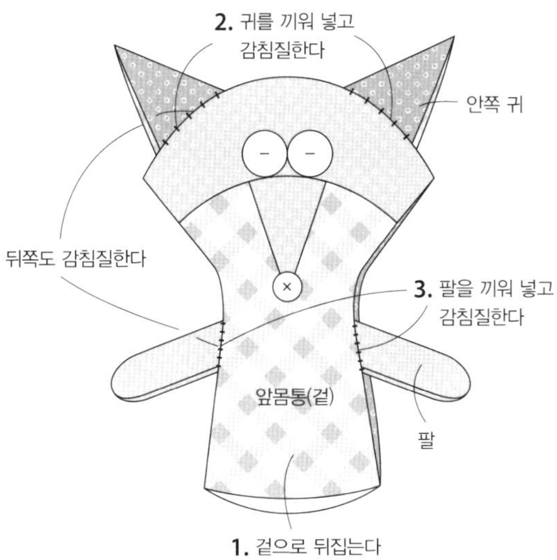

8. 몸통에 다리를 달고 솜을 채운다

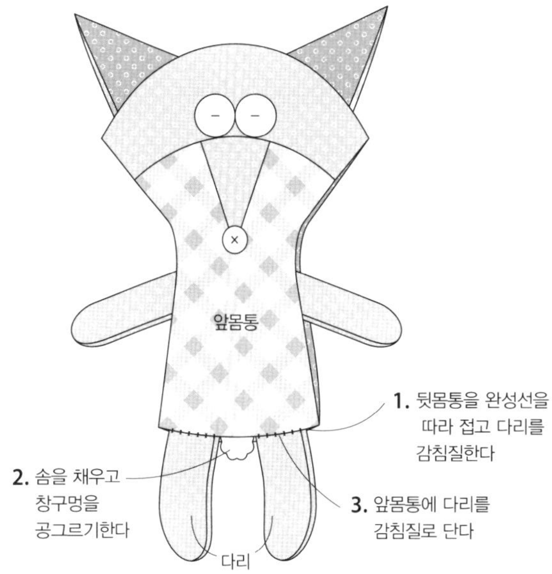

9. 꼬리 위와 아래를 포갠 뒤 꼬리 뒤와 연결한다

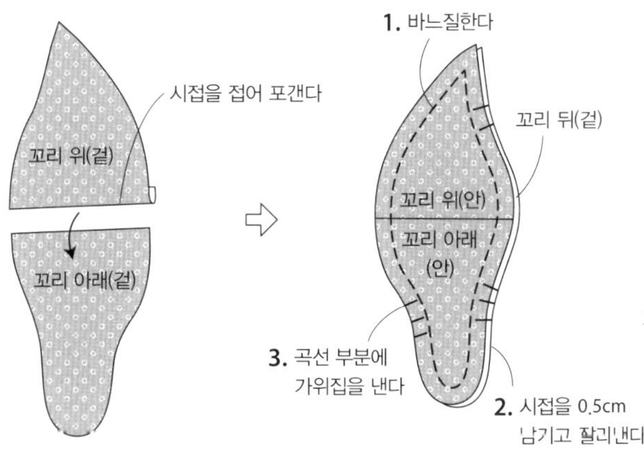

10. 겉으로 뒤집고 솜을 채운다

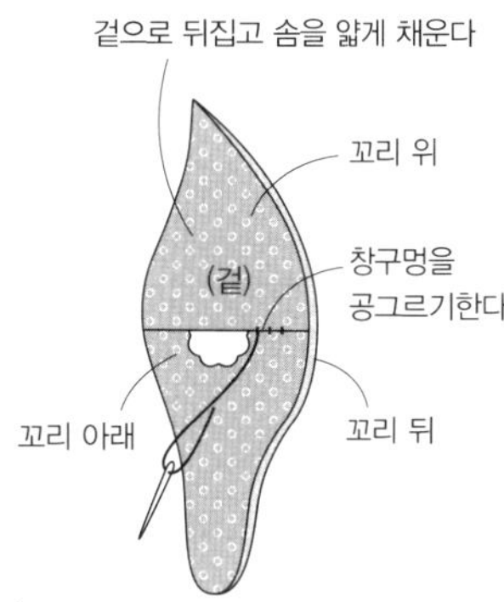

11. 뒷몸통에 꼬리를 단다

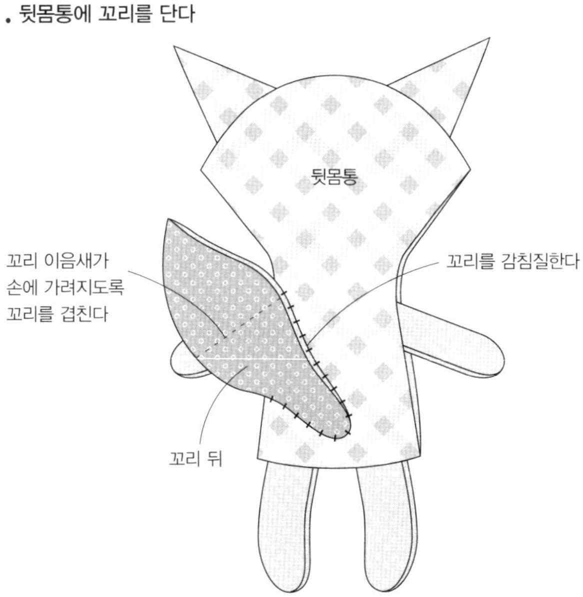

No. 16 · 17 여우 커플

실물 크기 도안

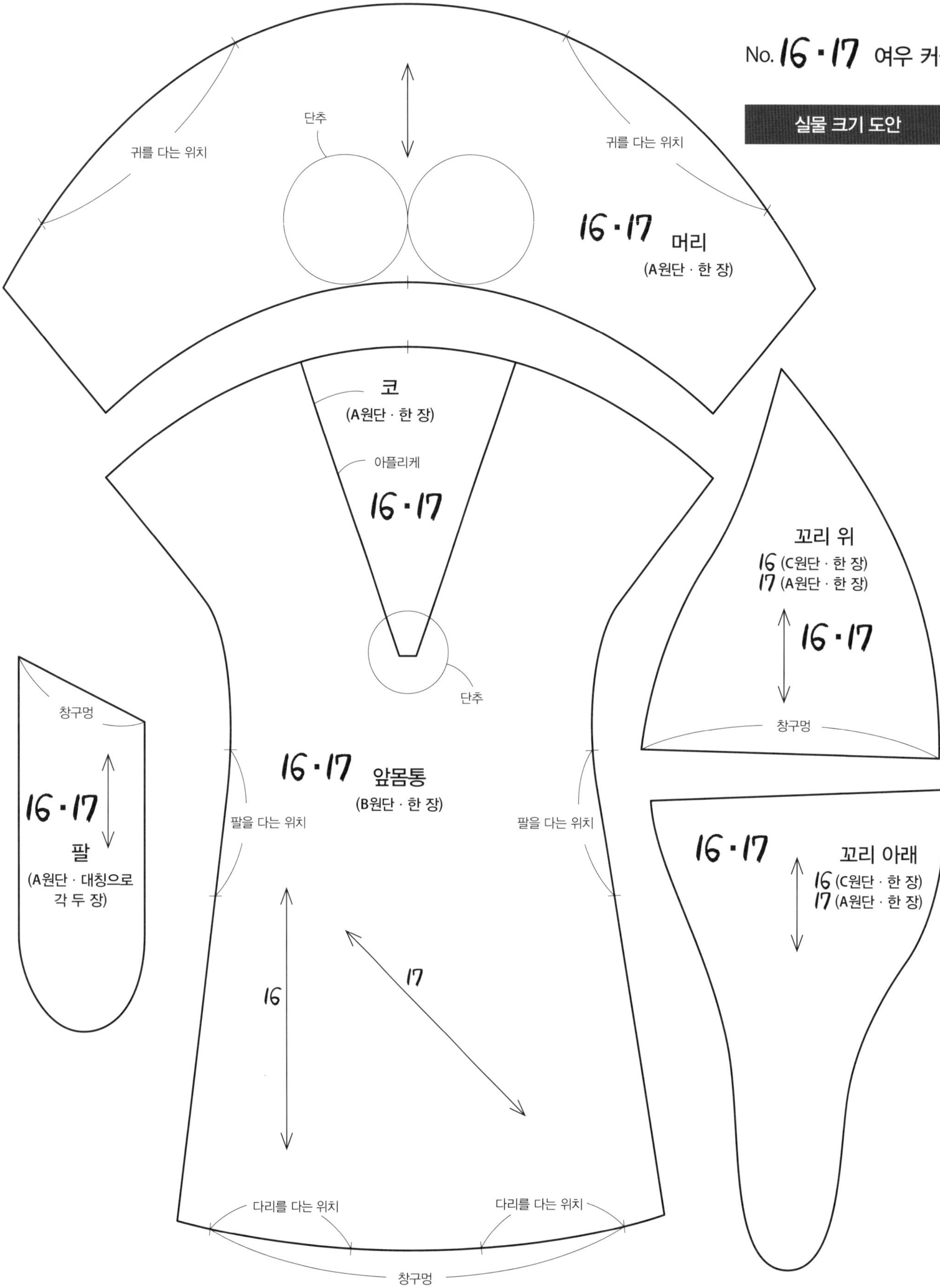

No. 16·17 여우 커플

실물 크기 도안

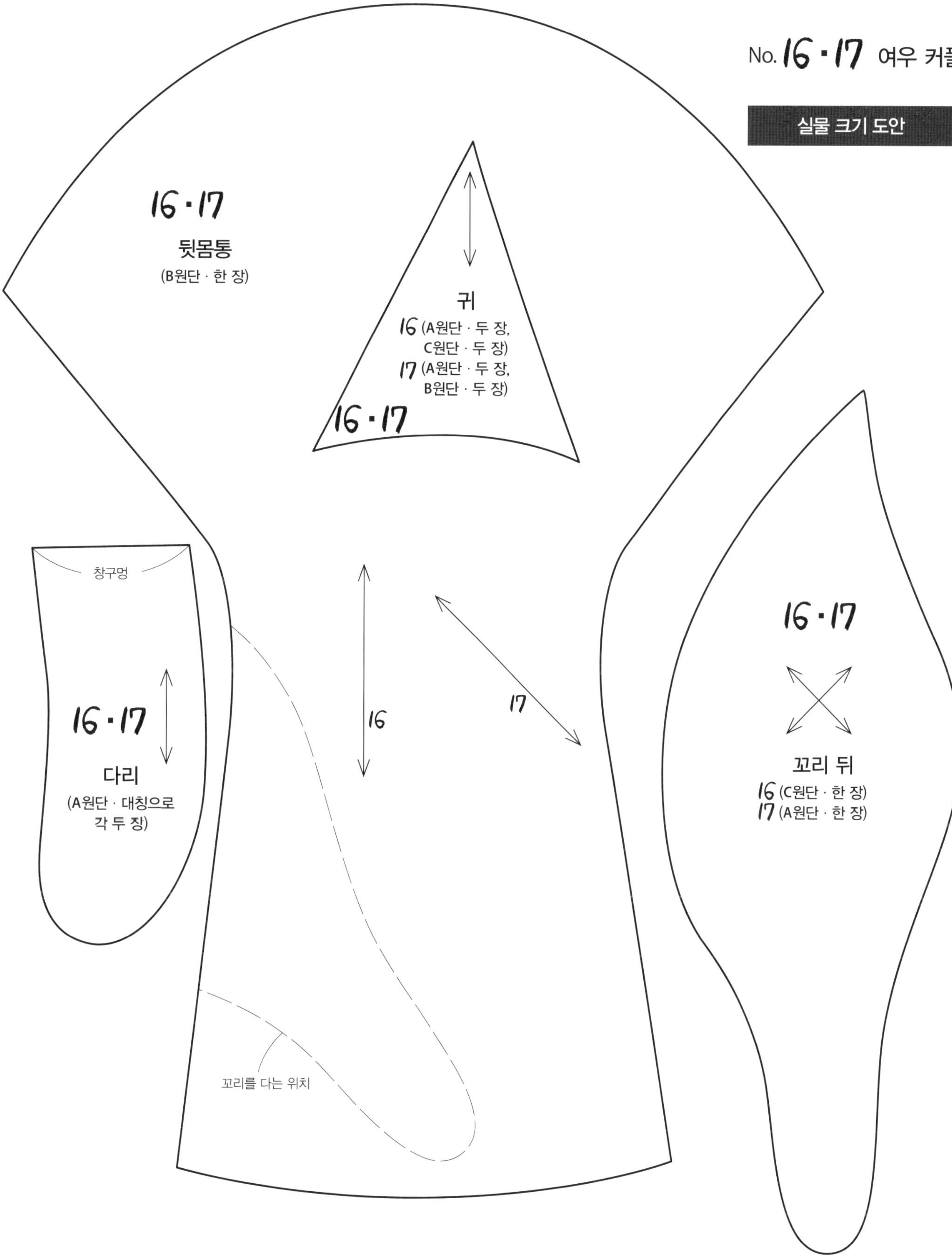

No. 18 돼지

만드는 방법

1. 귀를 바느질한다

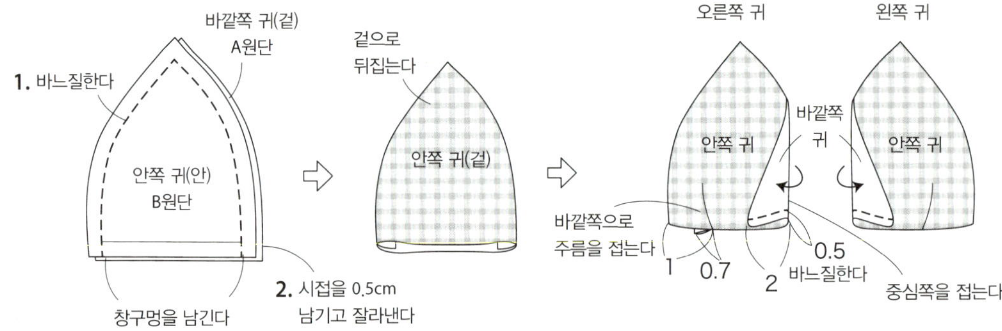

재료

- A원단 (분홍색 무지 면/몸통, 바깥쪽 귀)
  50cm 폭 40cm
- B원단 (분홍색 체크무늬 면/안쪽 귀)
  20cm 폭 15cm
- 펠트 (분홍색/코) 10cm 폭 15cm
- 끈 (분홍색/꼬리) 10cm 굵기 0.5cm
- 25번 자수실 (진한 갈색)
- 방울솜 적당량

※ 자수 방법은 36페이지 참고

※ 실물 크기 도안은 75페이지

2. 눈에 수를 놓고 귀를 임시로 고정한다

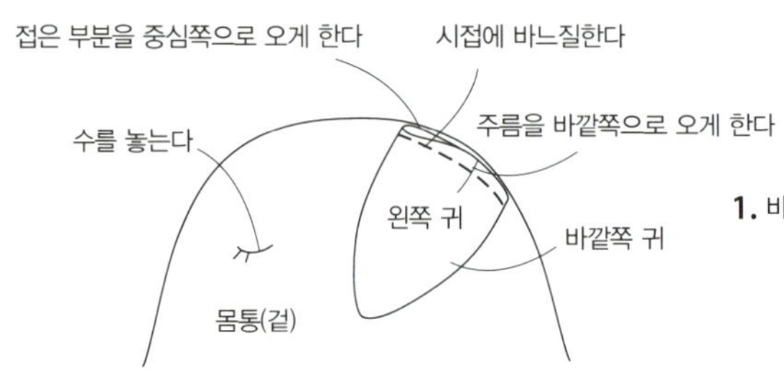

4. 앞몸통과 뒷몸통을 연결한다

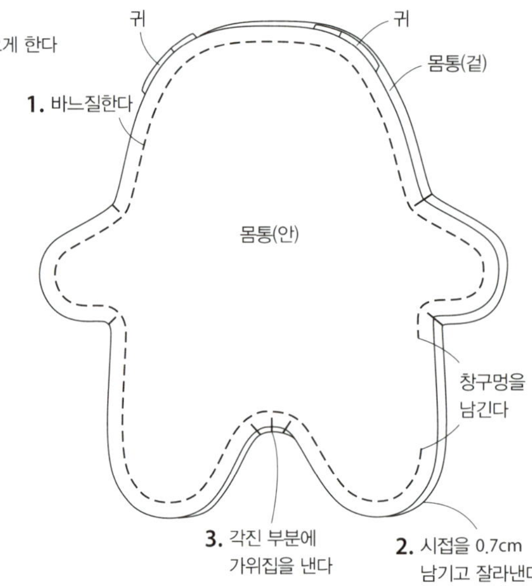

3. 코를 바느질하고 솜을 채운다

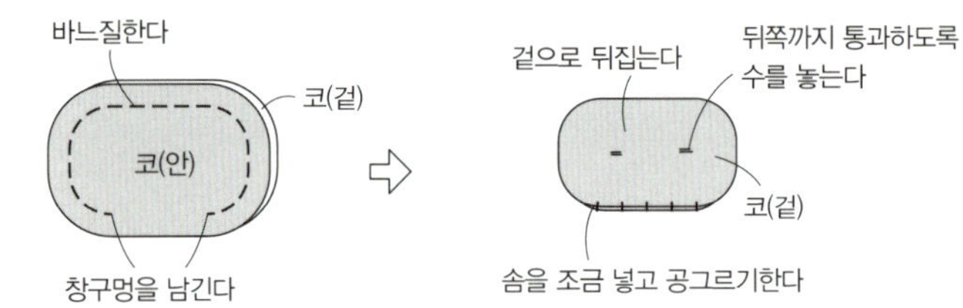

※ 코 시접은 0.5cm로 한다

5. 겉으로 뒤집고 솜을 채운다. 코를 단다

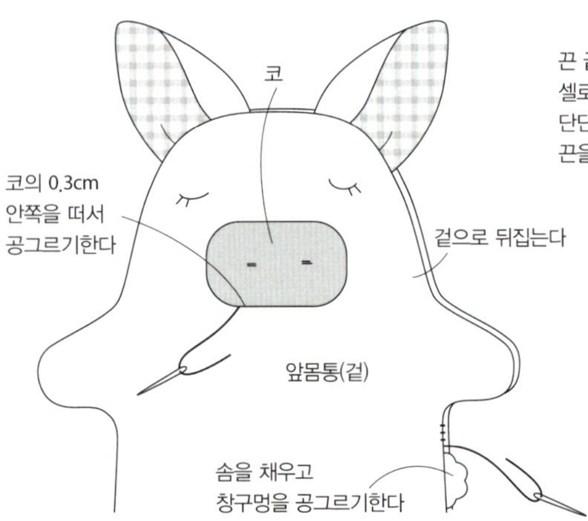

6. 꼬리를 단다

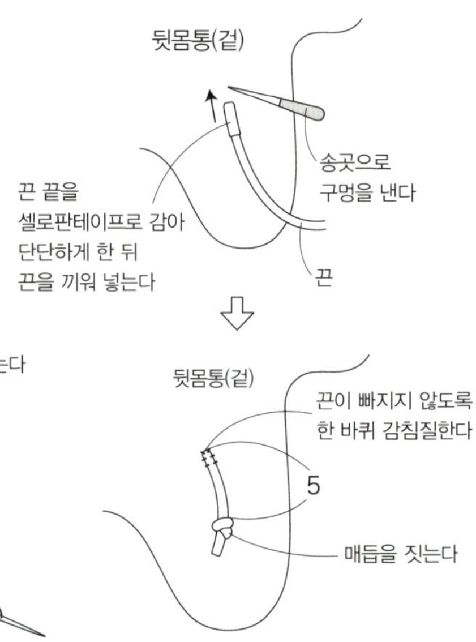

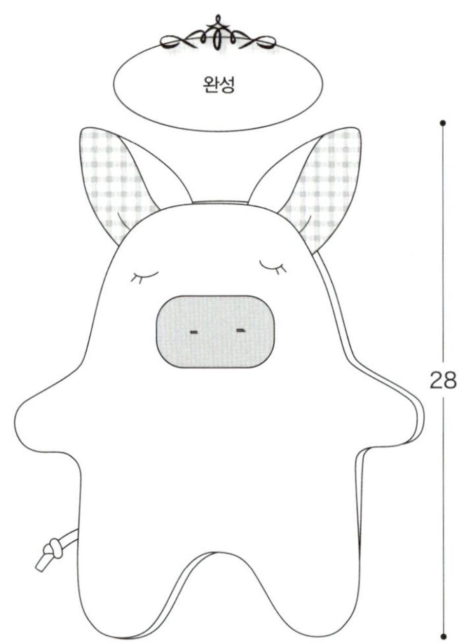

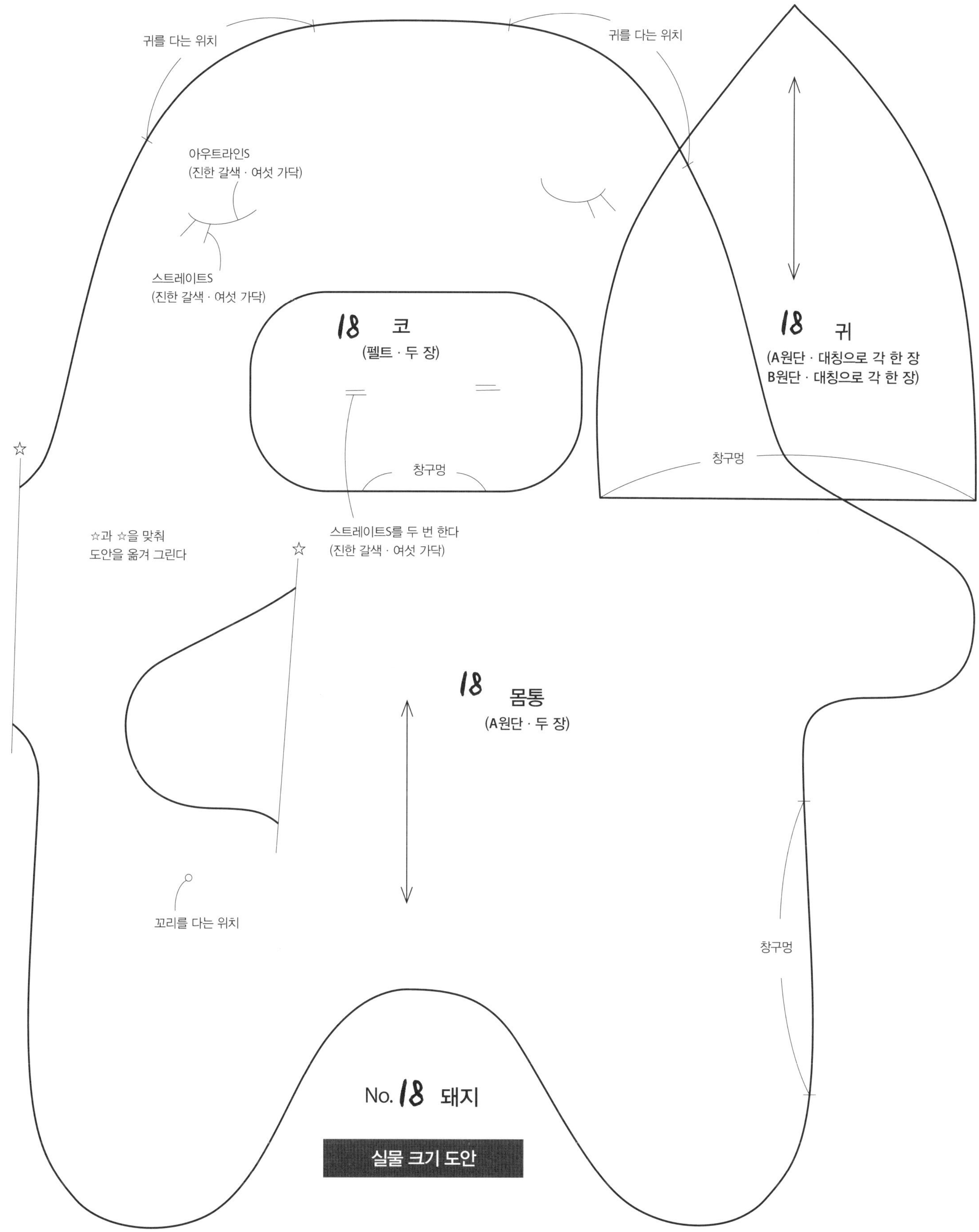
귀를 다는 위치
귀를 다는 위치
아우트라인S
(진한 갈색 · 여섯 가닥)
스트레이트S
(진한 갈색 · 여섯 가닥)
18 코
(펠트 · 두 장)
창구멍
18 귀
(A원단 · 대칭으로 각 한 장
B원단 · 대칭으로 각 한 장)
창구멍
☆과 ☆을 맞춰
도안을 옮겨 그린다
스트레이트S를 두 번 한다
(진한 갈색 · 여섯 가닥)
18 몸통
(A원단 · 두 장)
꼬리를 다는 위치
창구멍
No.18 돼지
실물 크기 도안

No. 19 코끼리

재료
- A원단 (회색 무지 면/몸통, 바깥쪽 귀) 45cm 폭 50cm
- B원단 (꽃무늬 면/안쪽 귀) 15cm 폭 10cm
- 끈 (회색/꼬리) 15cm 굵기 0.5cm
- 25번 자수실 (진한 갈색)
- 방울솜 적당량

※ 자수 방법은 36페이지 참고
※ 실물 크기 도안은 77페이지

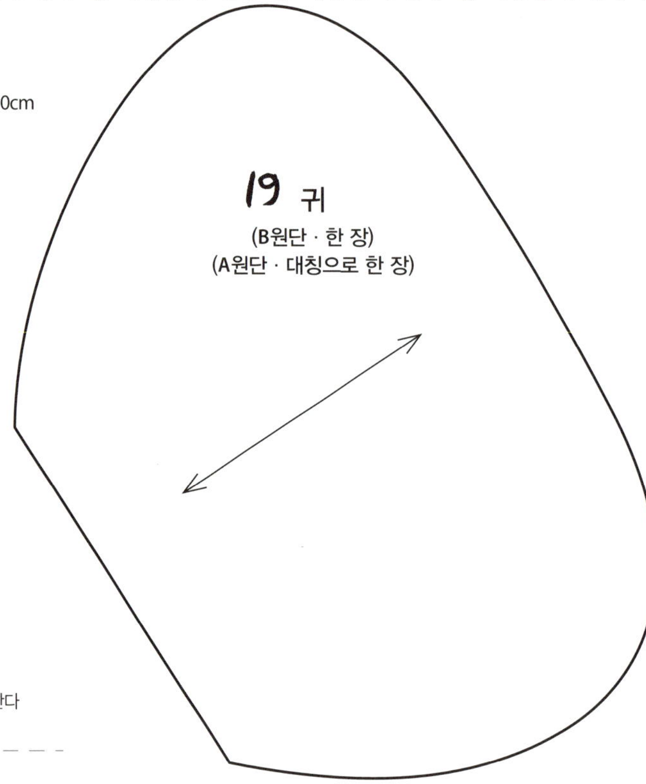

만드는 방법

1. 귀를 바느질한다

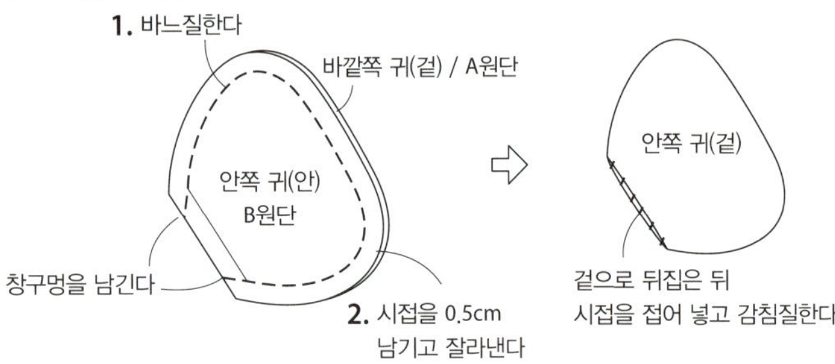

2. 몸통을 합친 뒤 완성선을 따라 바느질한다

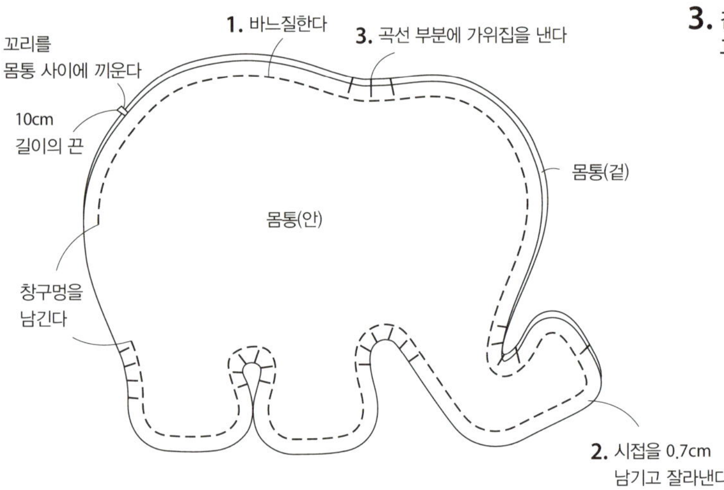

3. 겉으로 뒤집고 솜을 채운다 꼬리를 단다

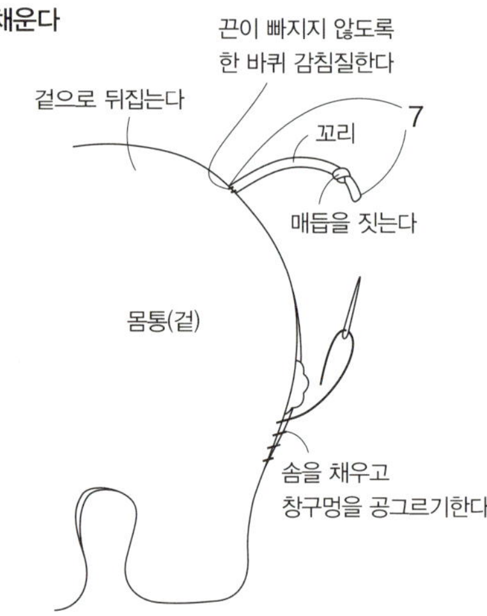

4. 앞몸통에 귀를 달고 수를 놓아 눈을 만든다

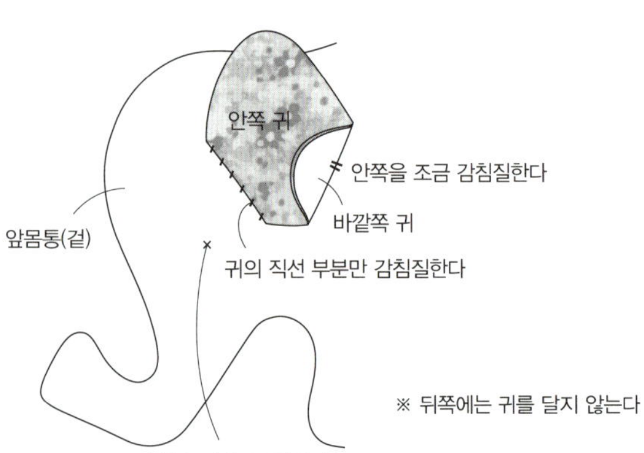

※ 뒤쪽에는 귀를 달지 않는다

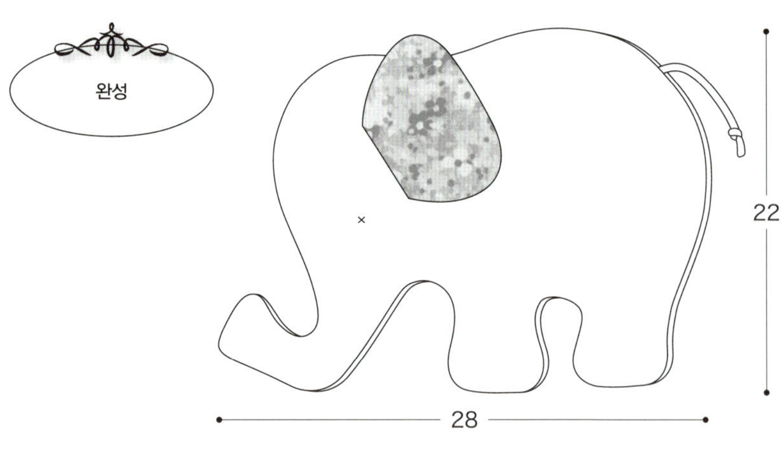

No. 19 코끼리

실물 크기 도안

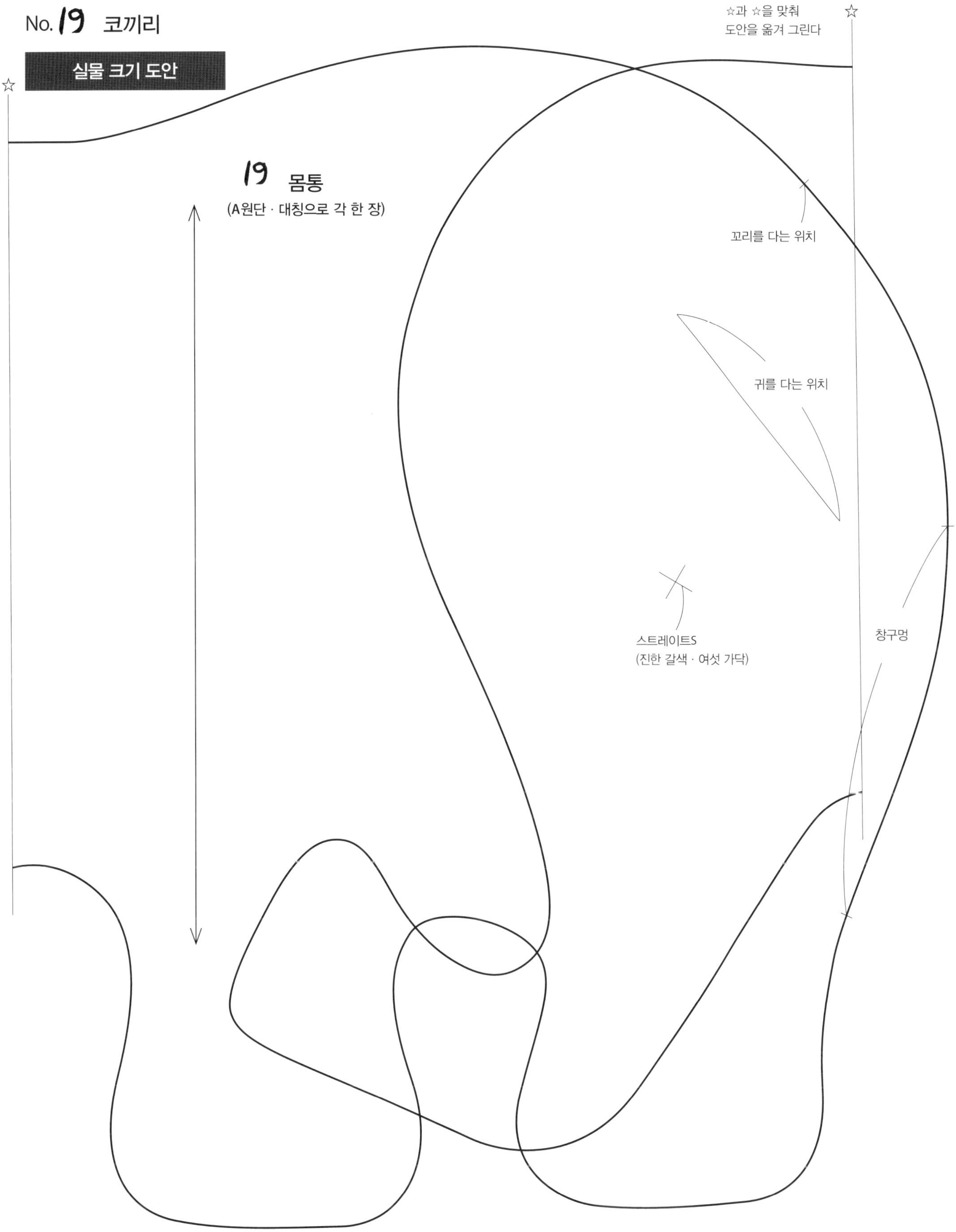

재료

- A원단 (베이지색 무지 면/머리, 바깥쪽 귀, 갈기, 팔, 다리) 60cm 폭 50cm
- B원단 (초록색 프린트 면/앞몸통 아래, 뒷몸통) 25cm 폭 15cm
- C원단 (연두색 프린트 면/앞몸통 위) 12cm 폭 7cm
- D원단 (갈색 도트무늬 면/안쪽 귀) 10cm 폭 10cm
- 펠트A (흰색/눈) 4cm 폭 2cm
- 펠트B (진한 갈색/코) 2cm 폭 1.5cm
- 단추 (지름 1.2cm · 초록색) 두 개
- 단추 (지름 0.7cm · 검은색) 두 개
- 구불구불한 끈 (폭 1.2cm · 연두색) 15cm
- 25번 자수실 (갈색, 연한 갈색)
- 방울솜 적당량

※ 자수 방법은 36페이지 참고

※ 갈기는 원단을 잘라 만든 바이어스를 사용한다. 원단 끝의 올이 풀리지 않게 한다

※ 실물 크기 도안은 80페이지

만드는 방법

1. 팔을 바느질하고 솜을 채운다

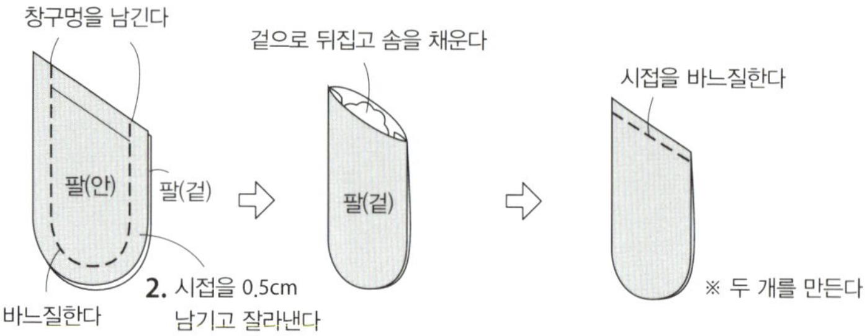

2. 다리를 바느질하고 솜을 채운다

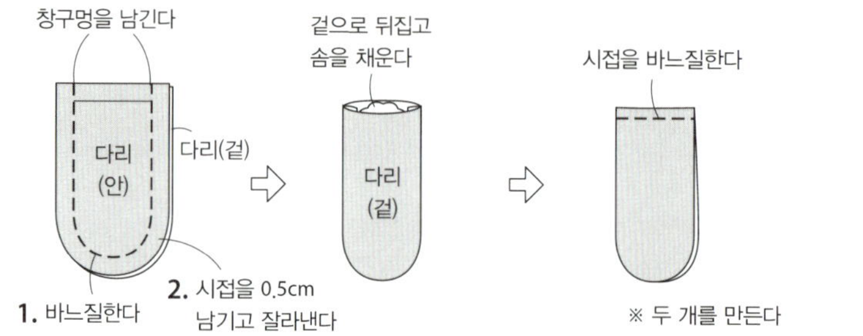

3. 귀를 바느질한다

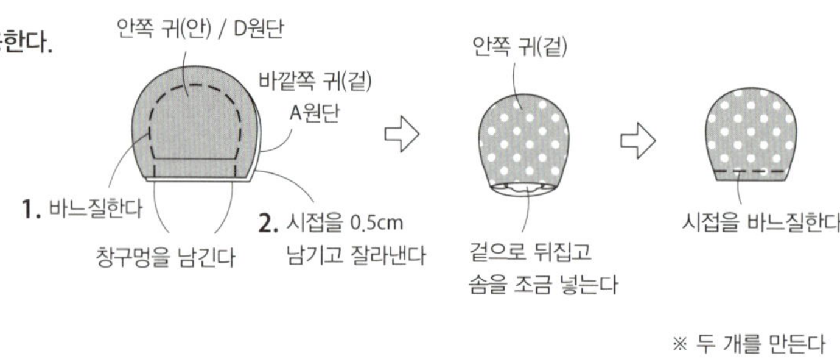

4. 머리와 앞몸통을 연결한다

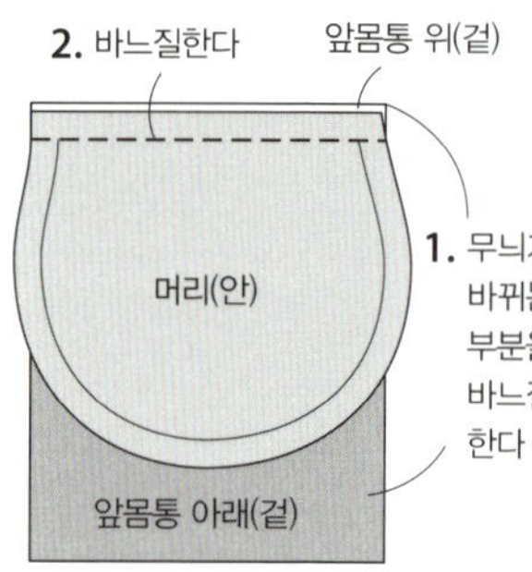

5. 얼굴을 만든다

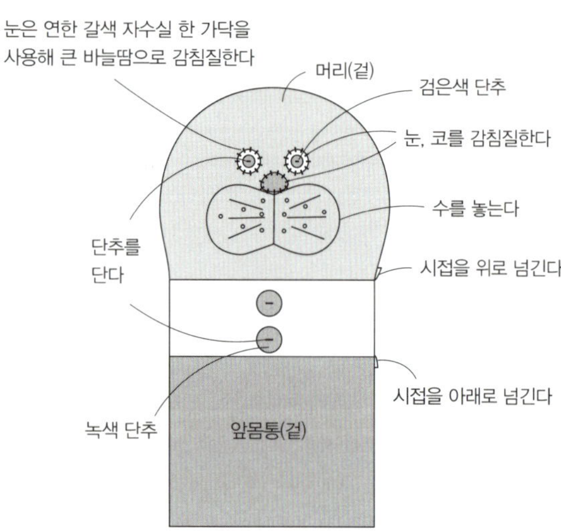

6. 뒷몸통을 바느질한다

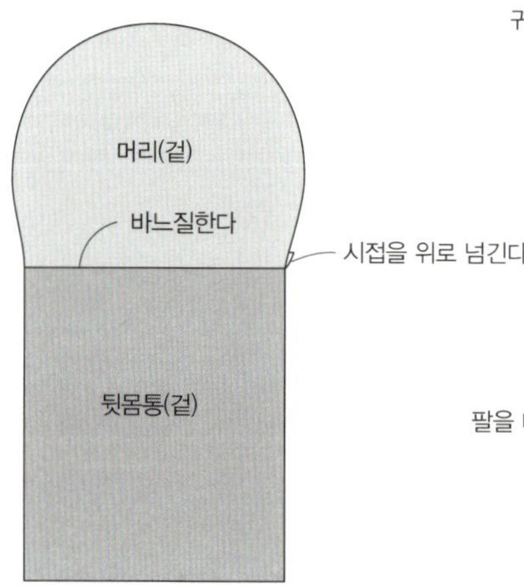

7. 앞과 뒤를 합치고 완성선을 따라 바느질한다

※ 귀와 팔을 다는 위치와 창구멍을 남긴다

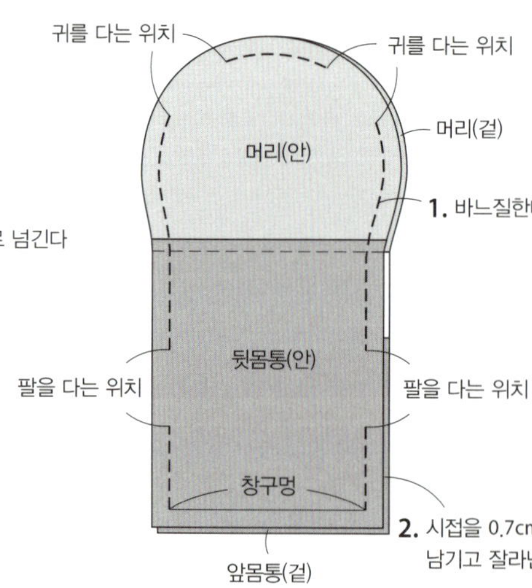

8. 겉으로 뒤집고 귀와 팔을 단다

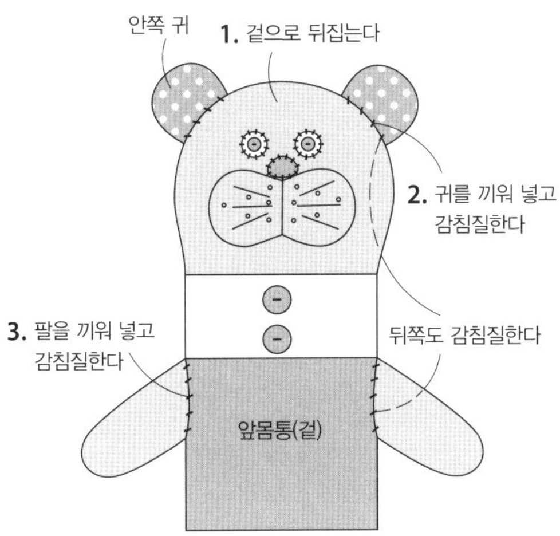

9. 다리를 달고 솜을 채운다

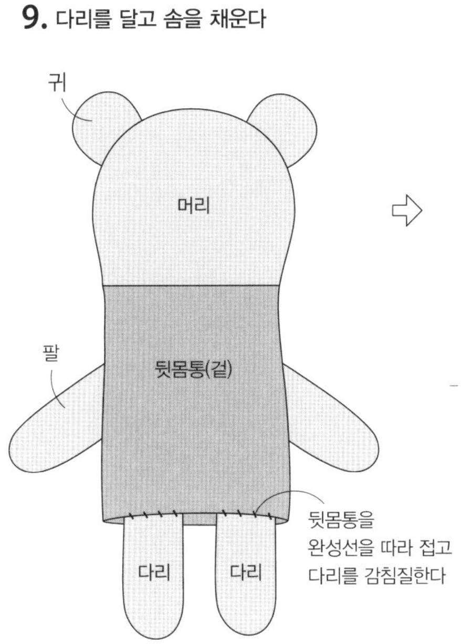

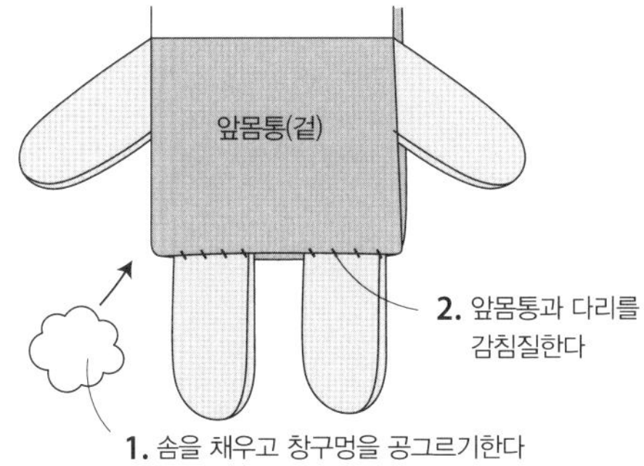

10. 손과 발끝에 수를 놓는다

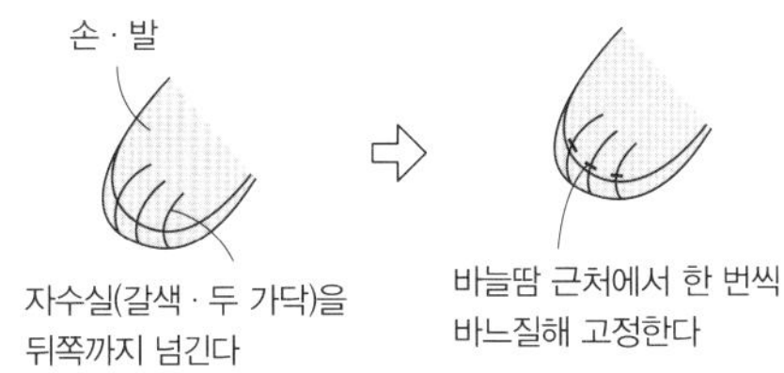

11. 갈기를 원 모양으로 바느질하고 촘촘하게 홈질한다

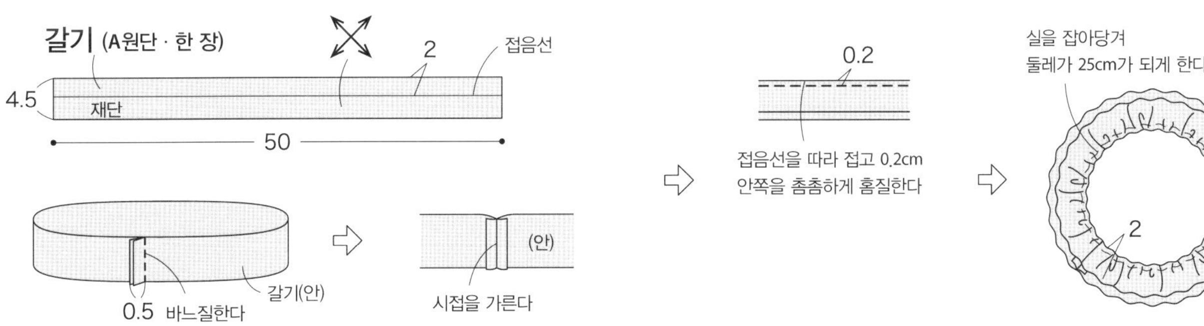

12. 꼬리를 만들고 뒷몸통에 단다

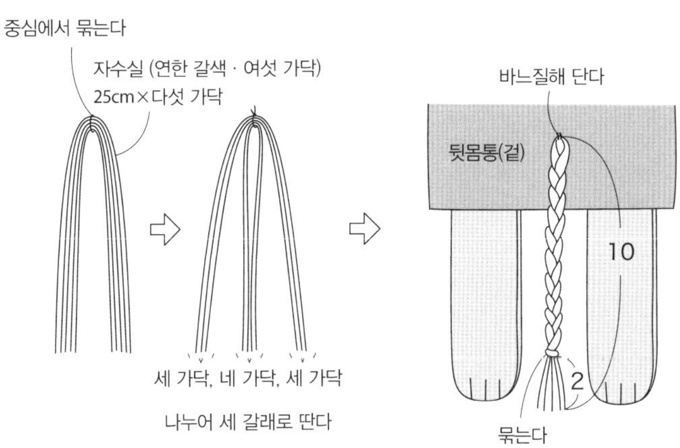

13. 갈기와 끈을 단다

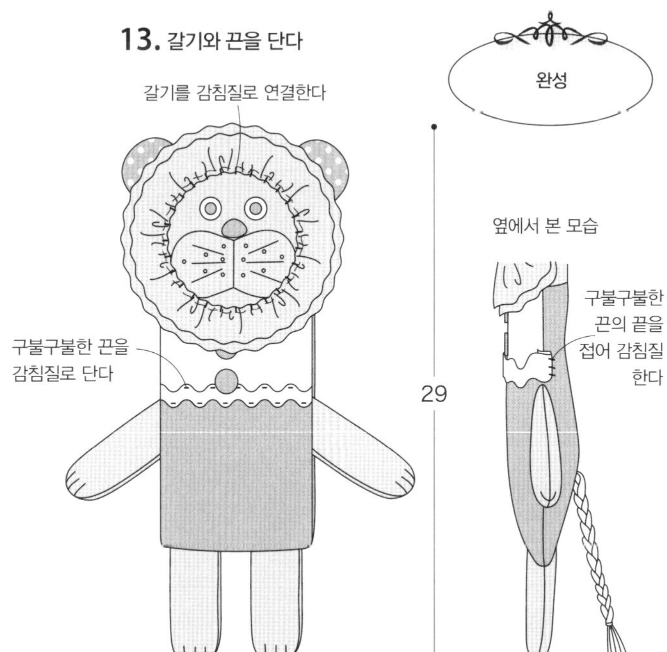

No. 20 사자

실물 크기 도안

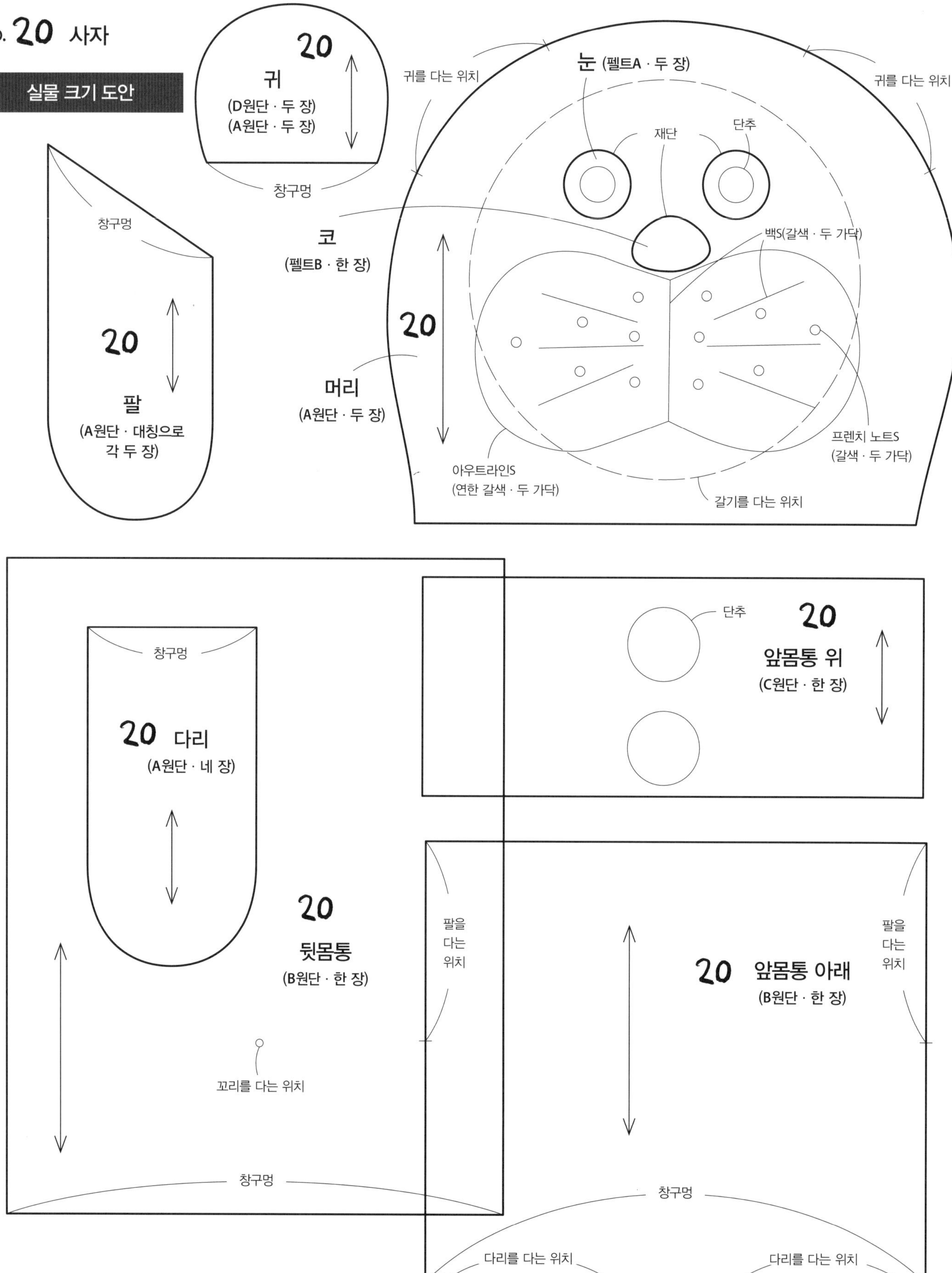

No. 21 알파카

재료
- A원단 (흰색 기모 페이크 퍼/몸통) 50cm 폭 35cm
- 펠트A (베이지색/코 주변) 5cm 폭 5cm
- 펠트B (연두색/장식 원단) 12cm 폭 10cm
- 눈 단추 (0.5cm · 검은색) 두 개
- 25번 자수실 (검은색, 갈색, 베이지색)
- 방울솜 적당량

※ **자수 방법은 36페이지 참고**
※ **실물 크기 도안은 82페이지**

만드는 방법

1. 앞뒤 몸통을 합친 뒤 완성선을 따라 바느질한다

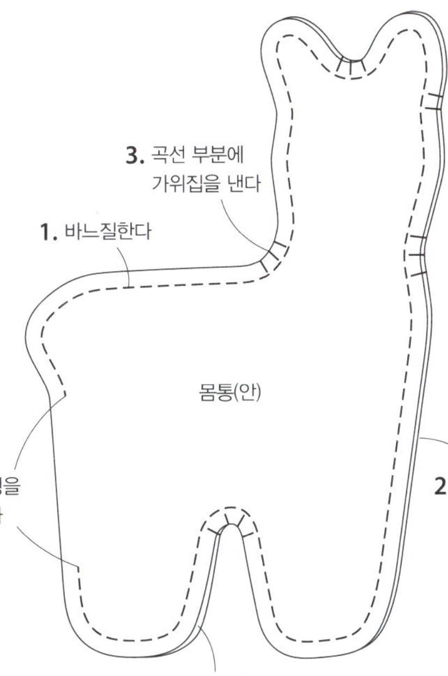

2. 코 주변에 수를 놓는다

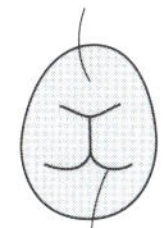

3. 겉으로 뒤집고 솜을 채운다

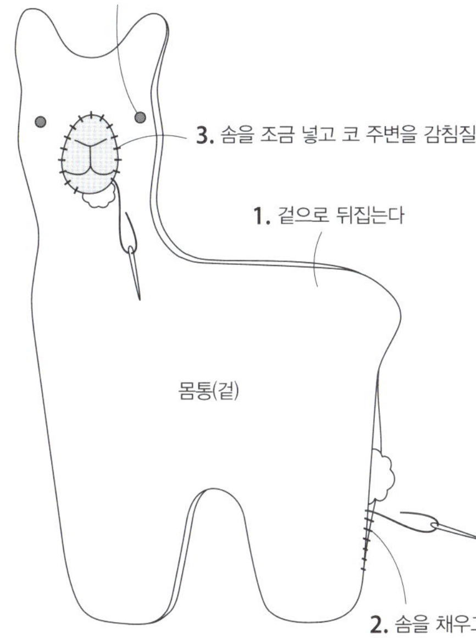

4. 장식 원단에 수를 놓고 몸통에 단다

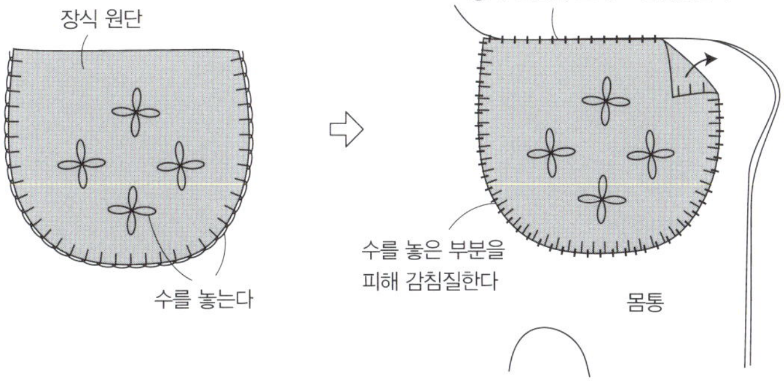

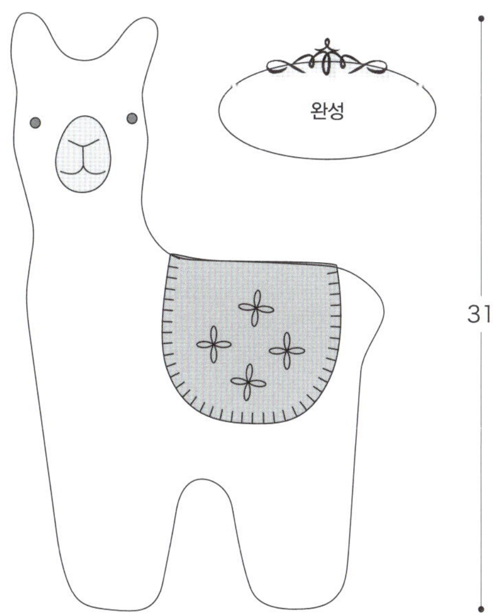

No. 21 알파카

실물 크기 도안

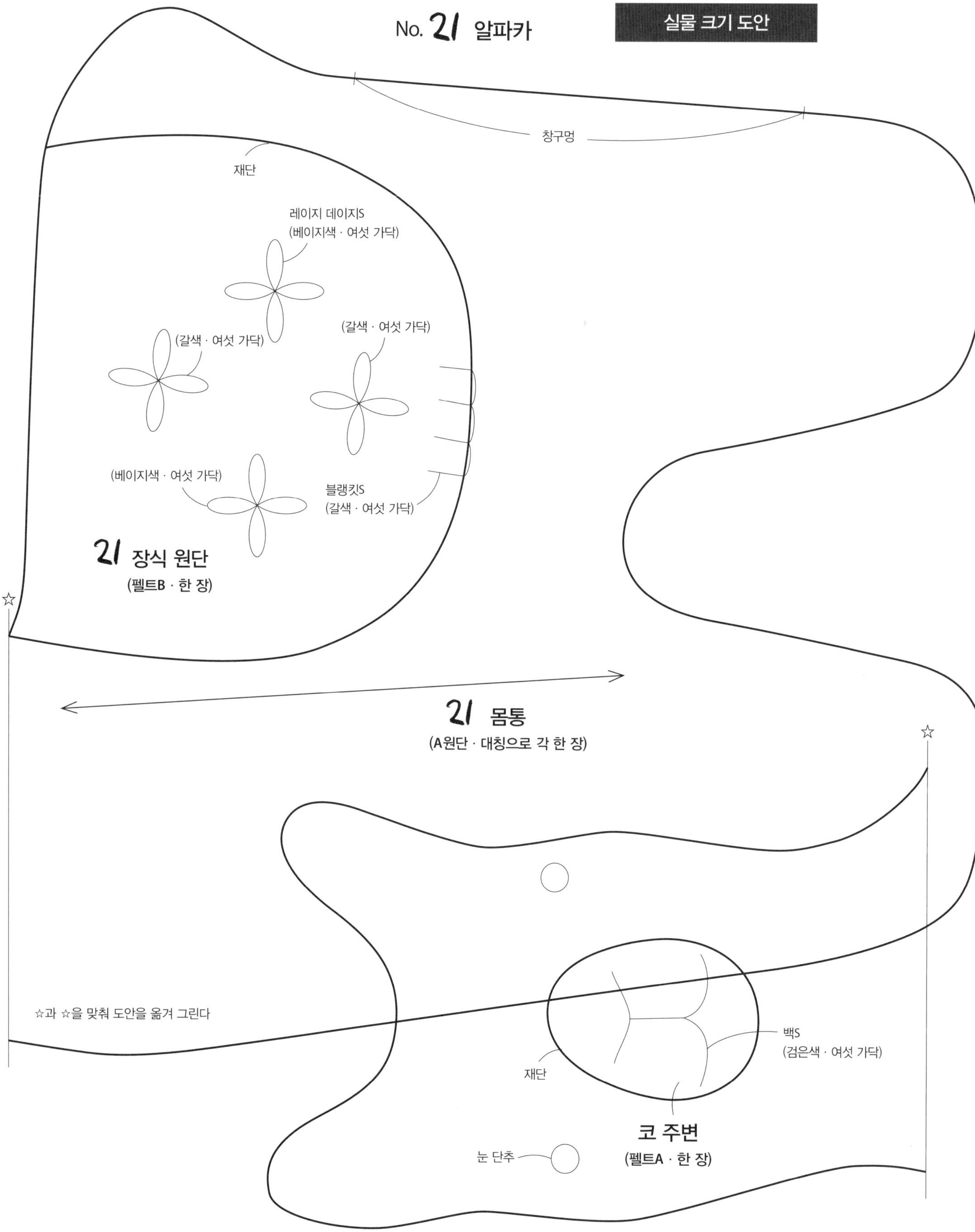

No. 22 당나귀

재료

- A원단 (회색 울/앞쪽 귀 아래, 몸통, 꼬리) 40cm 폭 40cm
- B원단 (아이보리색 코듀로이/코, 뒤쪽 귀) 15cm 폭 15cm
- C원단 (진한 갈색, 코듀로이/앞쪽 귀 위, 앞발 끝, 뒷발 끝, 꼬리 끝) 15cm 폭 15cm
- D원단 (빨간색 도트무늬, 플란넬/장식 원단) 15cm 폭 15cm
- 펠트 (아이보리색/눈) 5cm 폭 3cm
- 레이스 (폭 1.3cm) 25cm
- 장식 테이프 (폭 1cm) 40cm
- 털실 (아크릴 털실 극태사 · 진한 회색) 3m
- 25번 자수실 (검은색)
- 방울솜 적당량

※ 자수 방법은 36페이지 참고　※ 실물 크기 도안은 85페이지

만드는 방법

1. 몸통에 코와 발끝을 연결한다

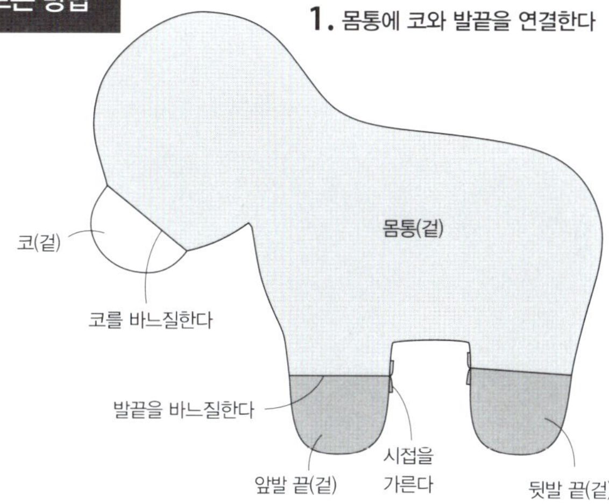

2. 눈을 만든다

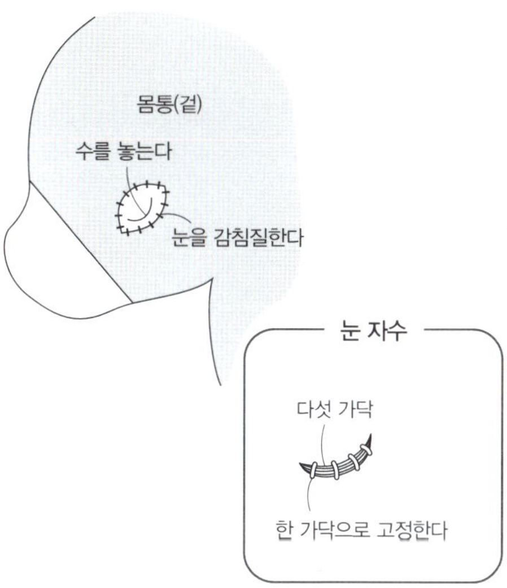

3. 꼬리를 사등분으로 접고 바느질한다

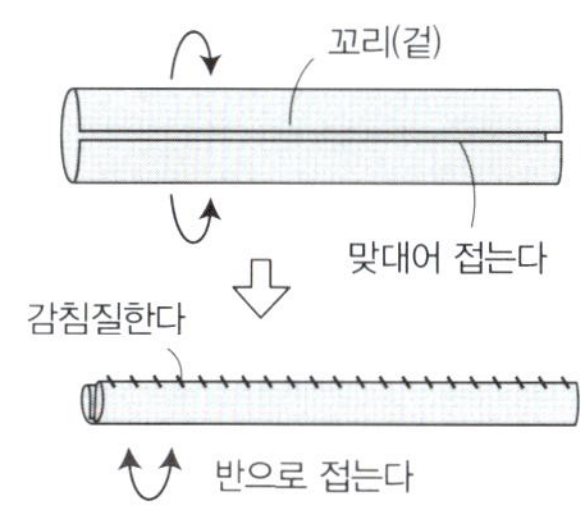

4. 꼬리 끝을 바느질하고 꼬리와 연결한다

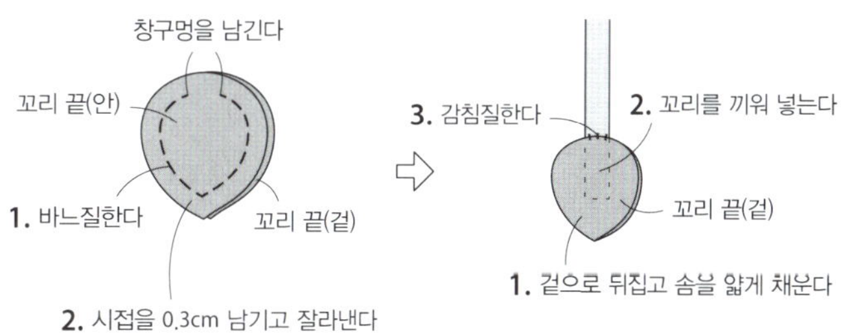

5. 꼬리를 몸통 사이에 끼워 넣고 앞과 뒤를 합쳐 완성선을 따라 바느질한다

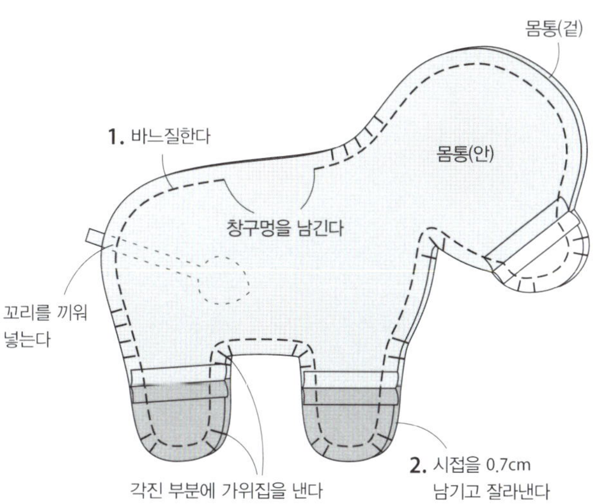

6. 겉으로 뒤집고 솜을 채운다

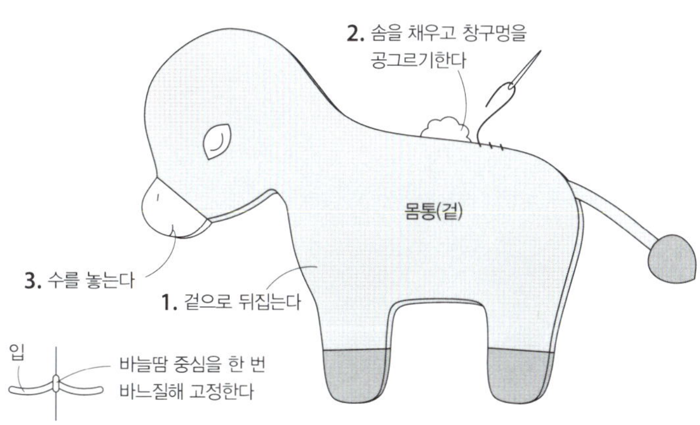

7. 앞쪽 귀 위와 아래를 연결한 다음 뒤쪽 귀와 합쳐 바느질한다

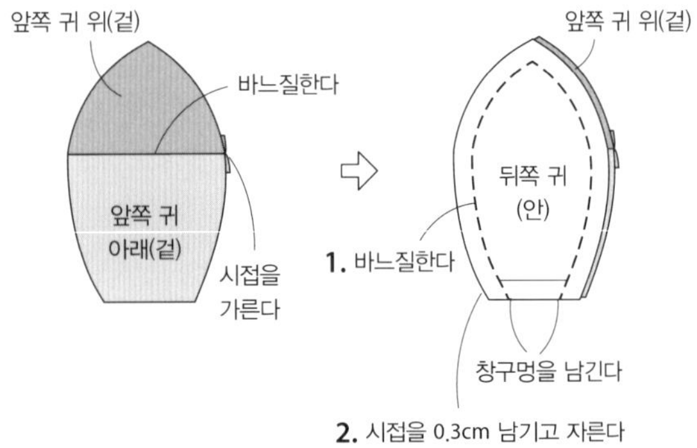

8. 겉으로 뒤집은 다음 반으로 접어 몸통에 감침질한다

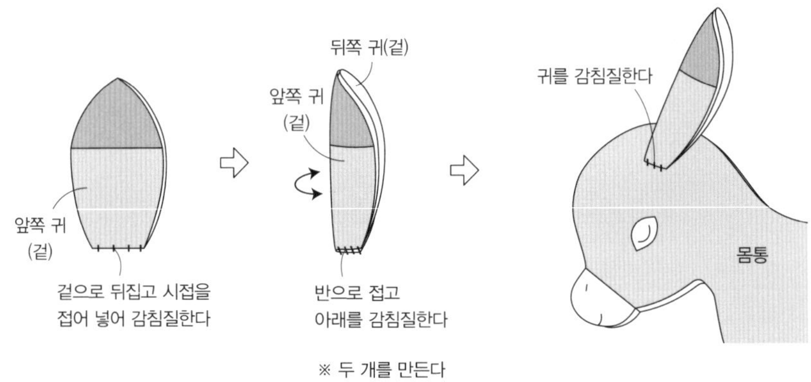

9. 털실로 갈기를 만든다

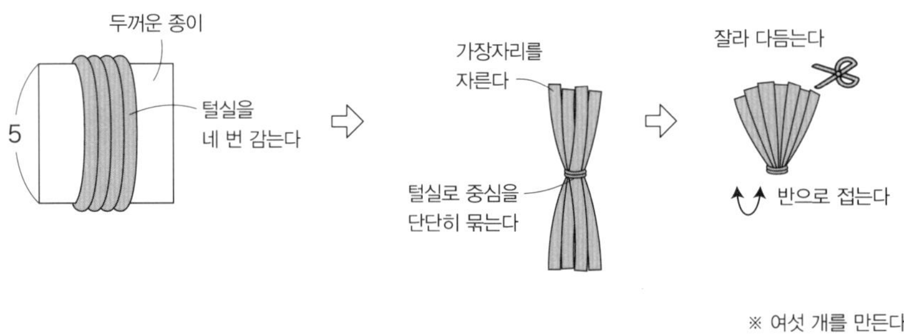

10. 갈기를 단다

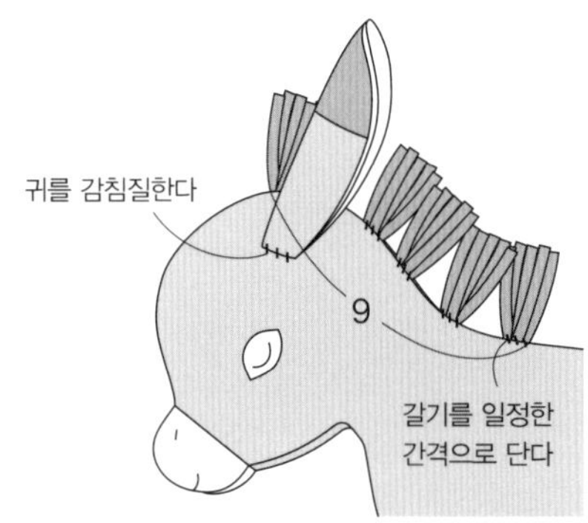

11. 장식 원단을 바느질한다

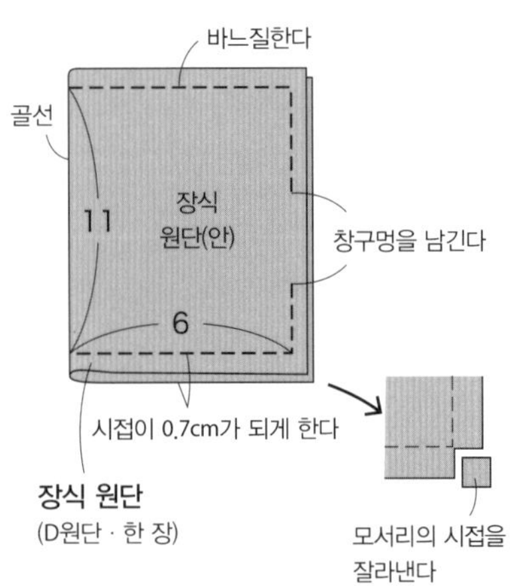

장식 원단
(D원단 · 한 장)

12. 겉으로 뒤집고 장식 테이프를 단다

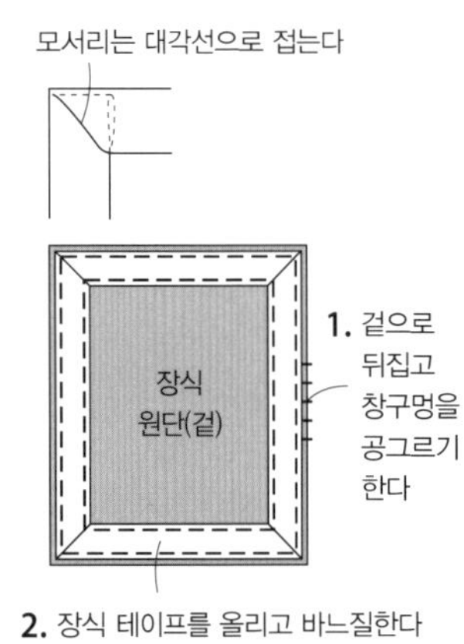

13. 장식 원단을 달고 레이스를 두른다

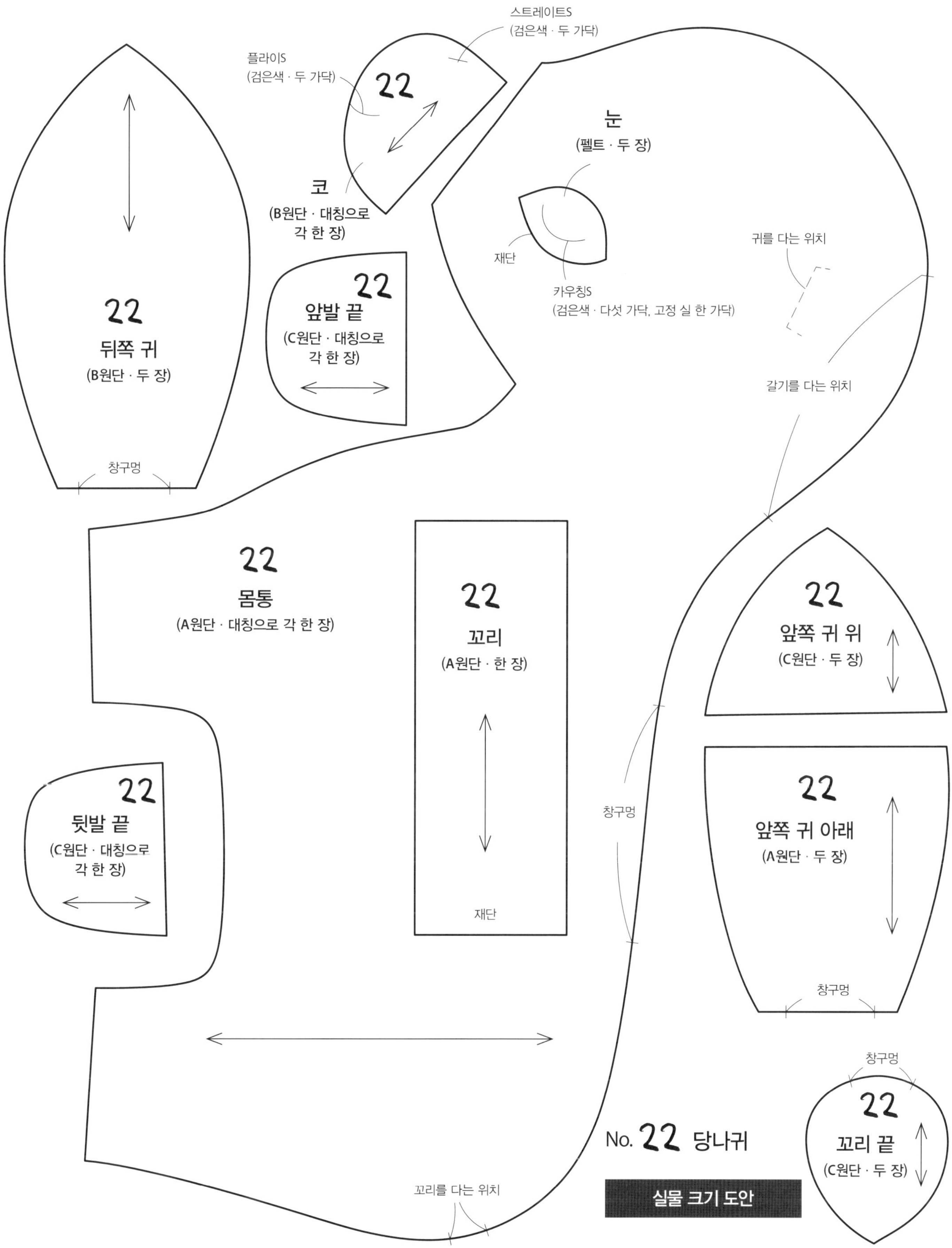

No. 22 당나귀

실물 크기 도안

No. 23·24 엄마 고슴도치와 아기 고슴도치

23 재료
- A원단 (진한 갈색 울 트위드/등) 40cm 폭 30cm
- B원단 (아이보리색 무지 코듀로이/몸통, 귀) 35cm 폭 25cm
- 펠트 (진한 갈색/눈) 4cm 폭 3cm
- 컬러솜 (지름 1.2cm/갈색) 한 개
- 25번 자수실(진한 갈색)
- 방울솜 적당량

※ 자수 방법은 36페이지 참고

24 재료
- A원단(카멜색 울 트위드/등) 30cm 폭 25cm
- B원단(아이보리색 무지 코듀로이/몸통, 귀) 25cm 폭 30cm
- 펠트(진한 갈색/눈) 3cm 폭 3cm
- 컬러솜 (지름 1cm/갈색) 한 개
- 25번 자수실(진한 갈색)
- 방울솜 적당량

※ 실물 크기 도안은 각 87, 88페이지

만드는 방법

1. 등의 시접을 접어 몸통에 바느질한다

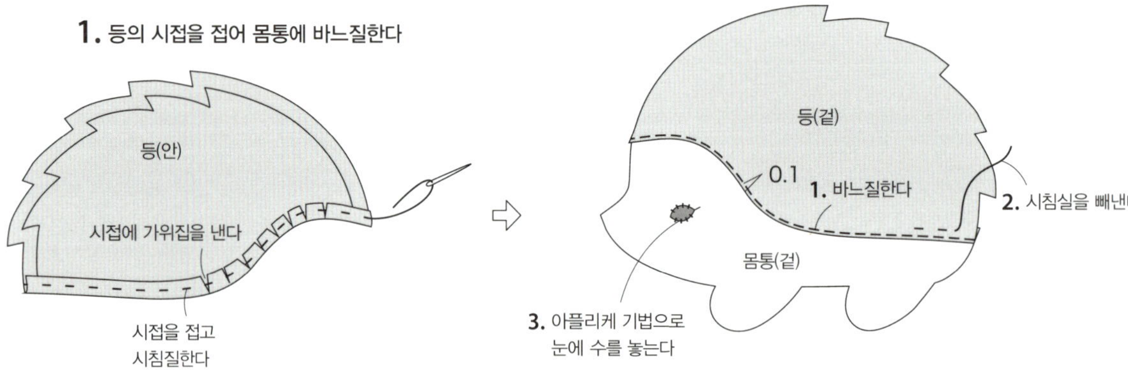

2. 앞과 뒤를 합치고 완성선을 따라 바느질한다

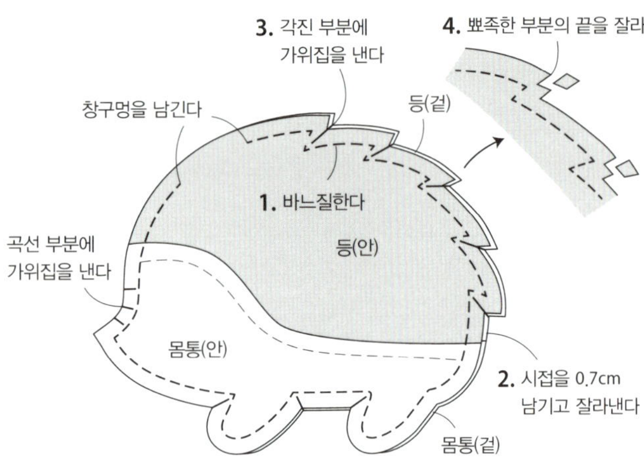

3. 겉으로 뒤집고 솜을 채운다

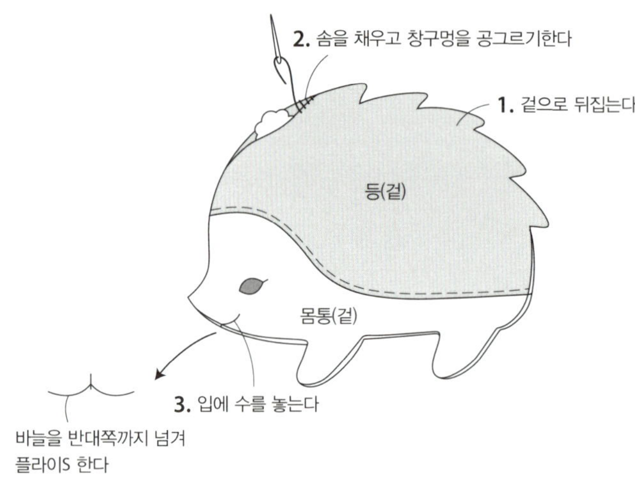

4. 귀를 바느질한다

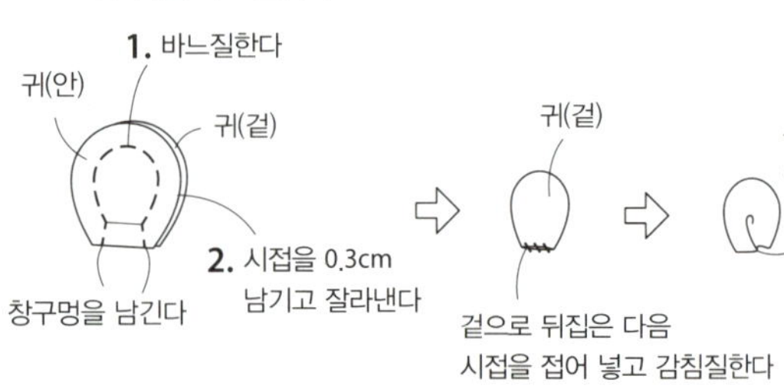

※ 아래 시접을 조금 펼치며 바느질하면
겉으로 뒤집기 편하다

5. 귀와 코를 단다

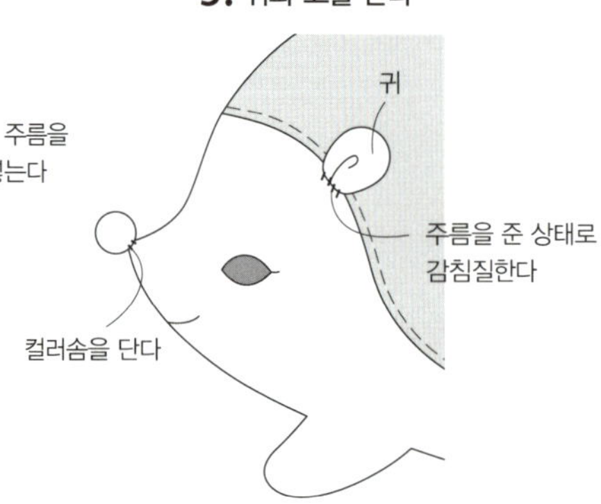

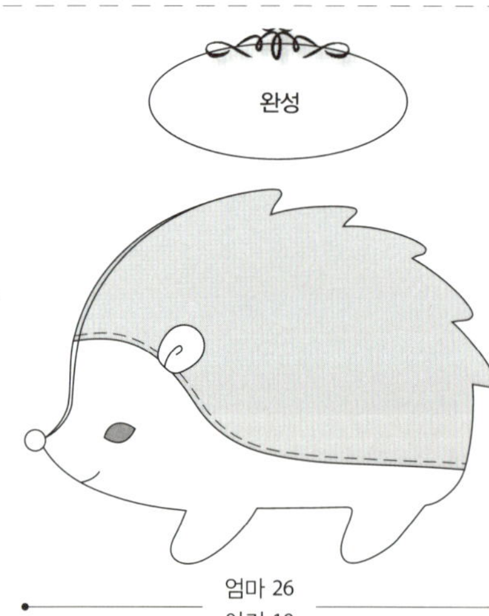

No. 23 엄마 고슴도치

실물 크기 도안

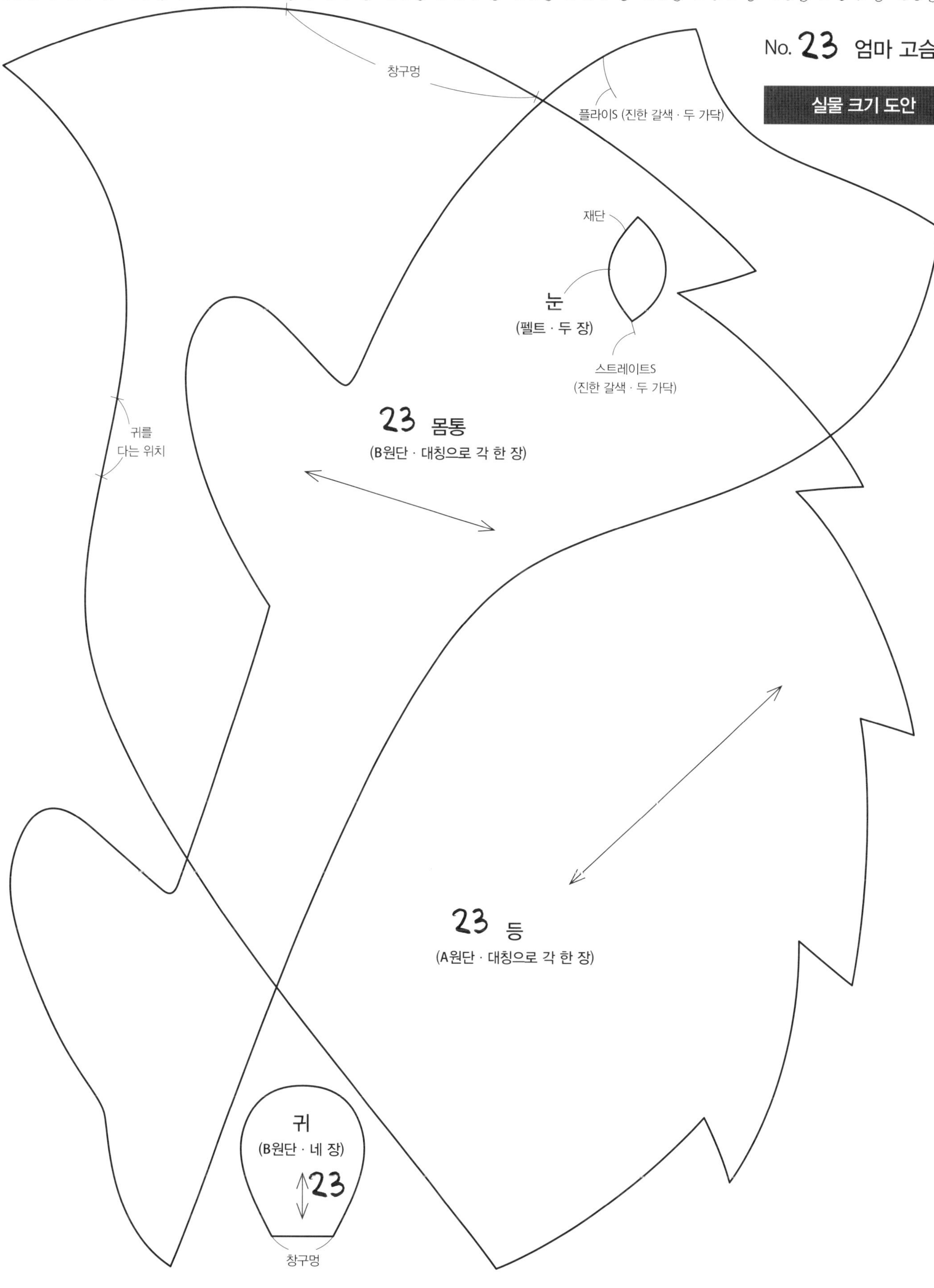

No. 24 아기 고슴도치

실물 크기 도안

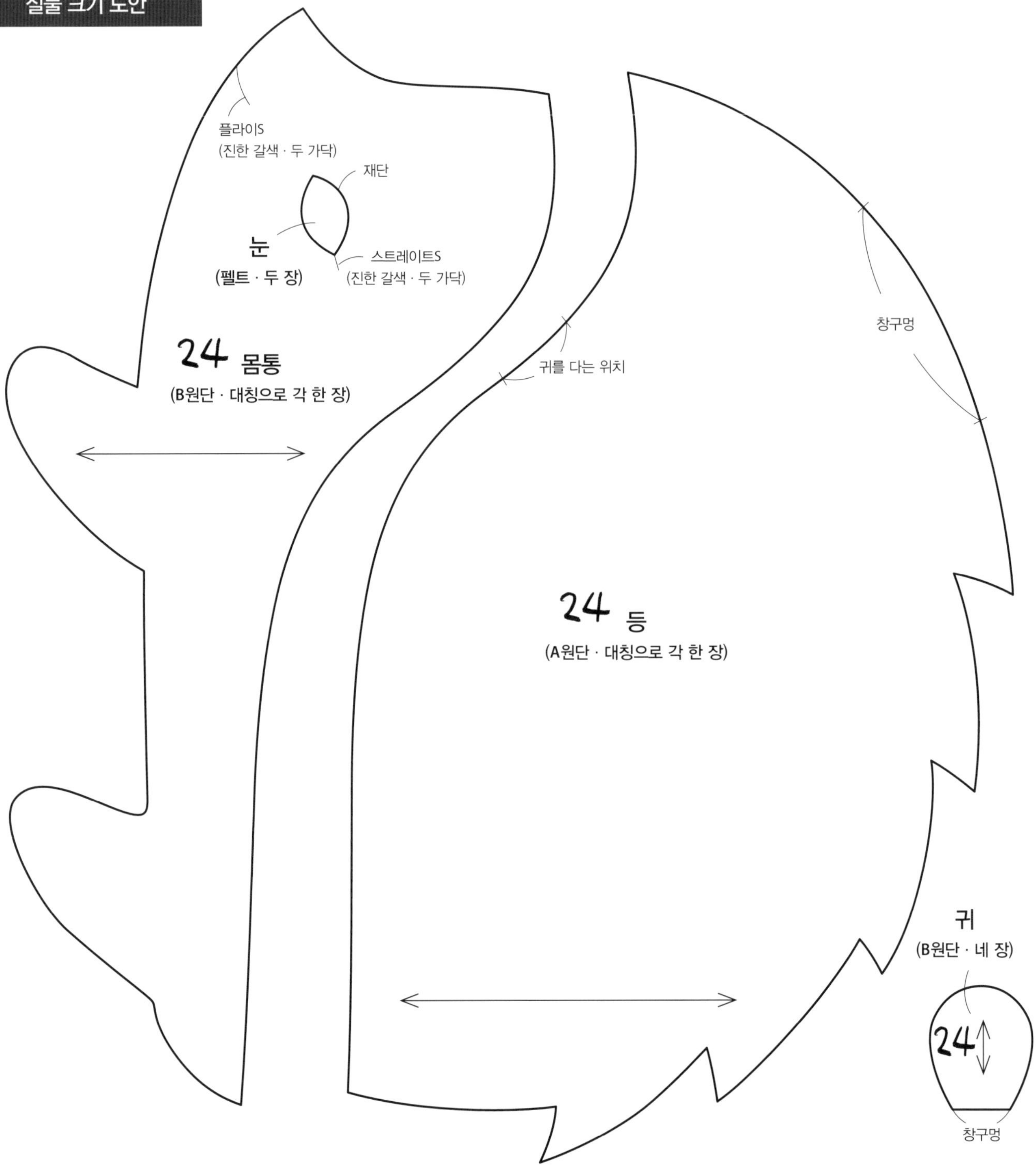

No. 25 개구리

재료

- A원단 (연두색 무지 폴리에스터 저지/머리, 몸통 아래, 팔, 다리) 40cm 폭 30cm
- B원단 (하늘색 줄무늬 폴리에스터 저지/몸통 위) 20cm 폭 15cm
- 단추 (지름 1.1cm · 진한 갈색) 두 개
- 25번 자수실 (진한 갈색)
- 방울솜 적당량

※ 자수 방법은 36페이지 참고

※ 신축성이 작은 원단은 곡선 부분의 시접에 가위집을 넣는다

※ 실물 크기 도안은 90페이지

만드는 방법

1. 머리와 몸통 위를 완성선을 따라 바느질한다

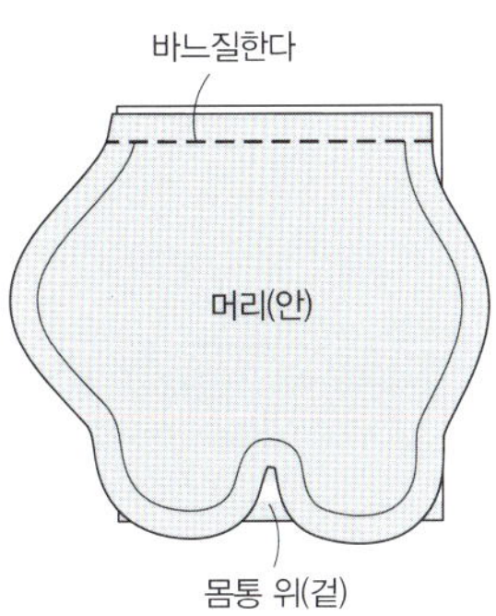

2. 몸통 위와 몸통 아래를 바느질한다

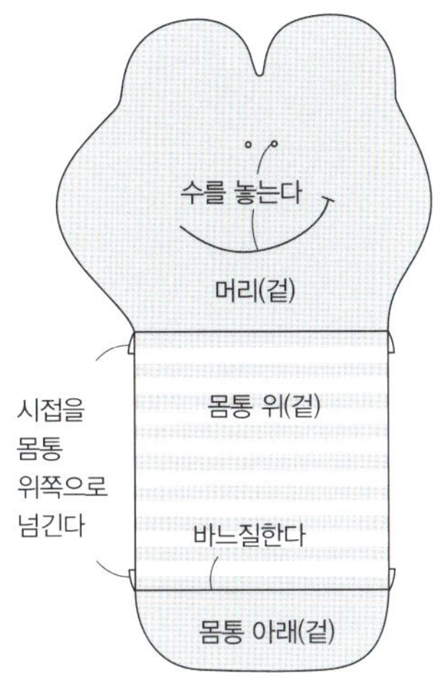

3. 앞과 뒤를 합치고 완성선을 따라 바느질한다

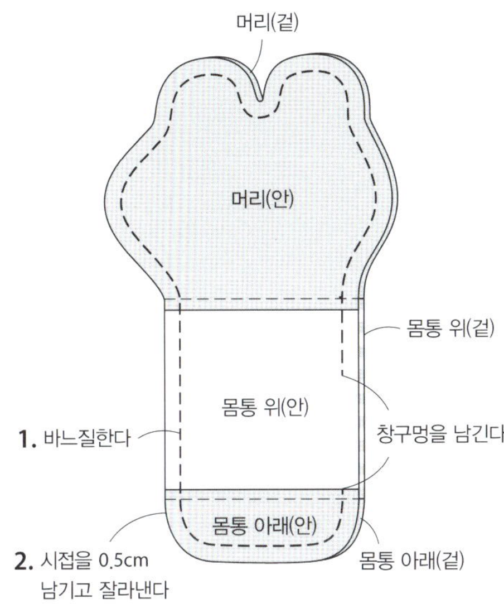

4. 팔을 바느질하고 솜을 채운다

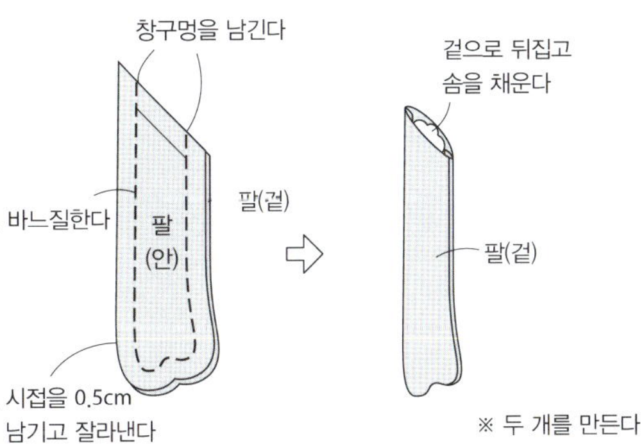

※ 두 개를 만든다

5. 다리를 바느질하고 솜을 채운다

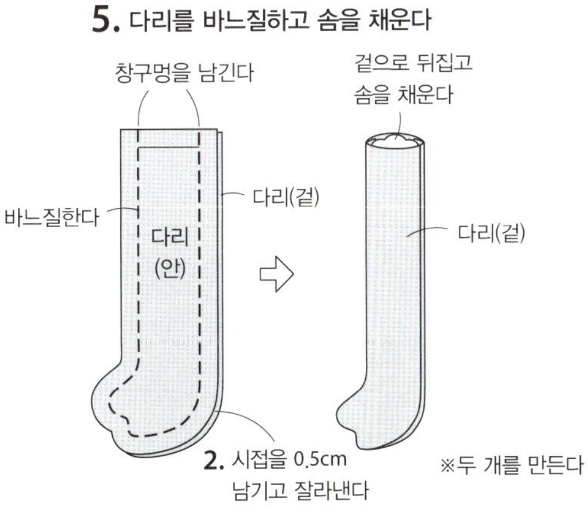

※두 개를 만든다

6. 몸통에 팔과 다리를 임시로 고정한다

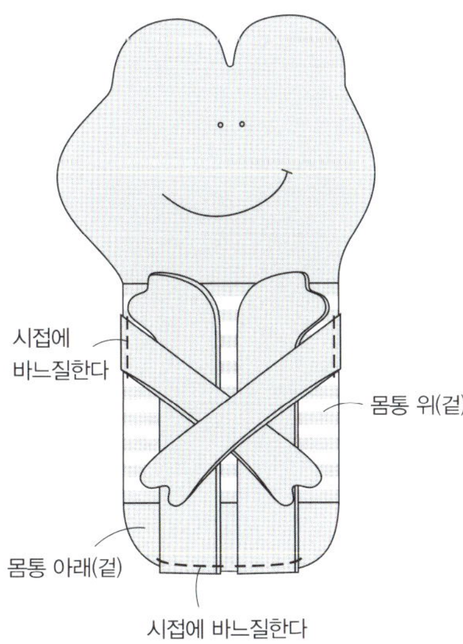

7. 겉으로 뒤집고 솜을 채운다

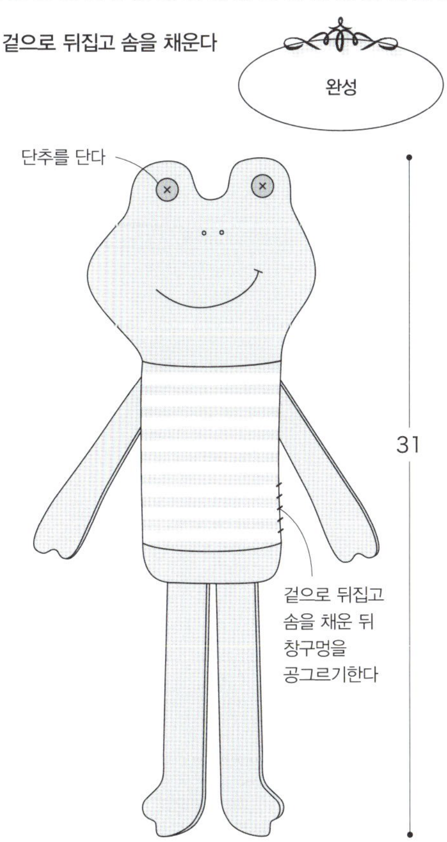

No. 25 개구리

실물 크기 도안

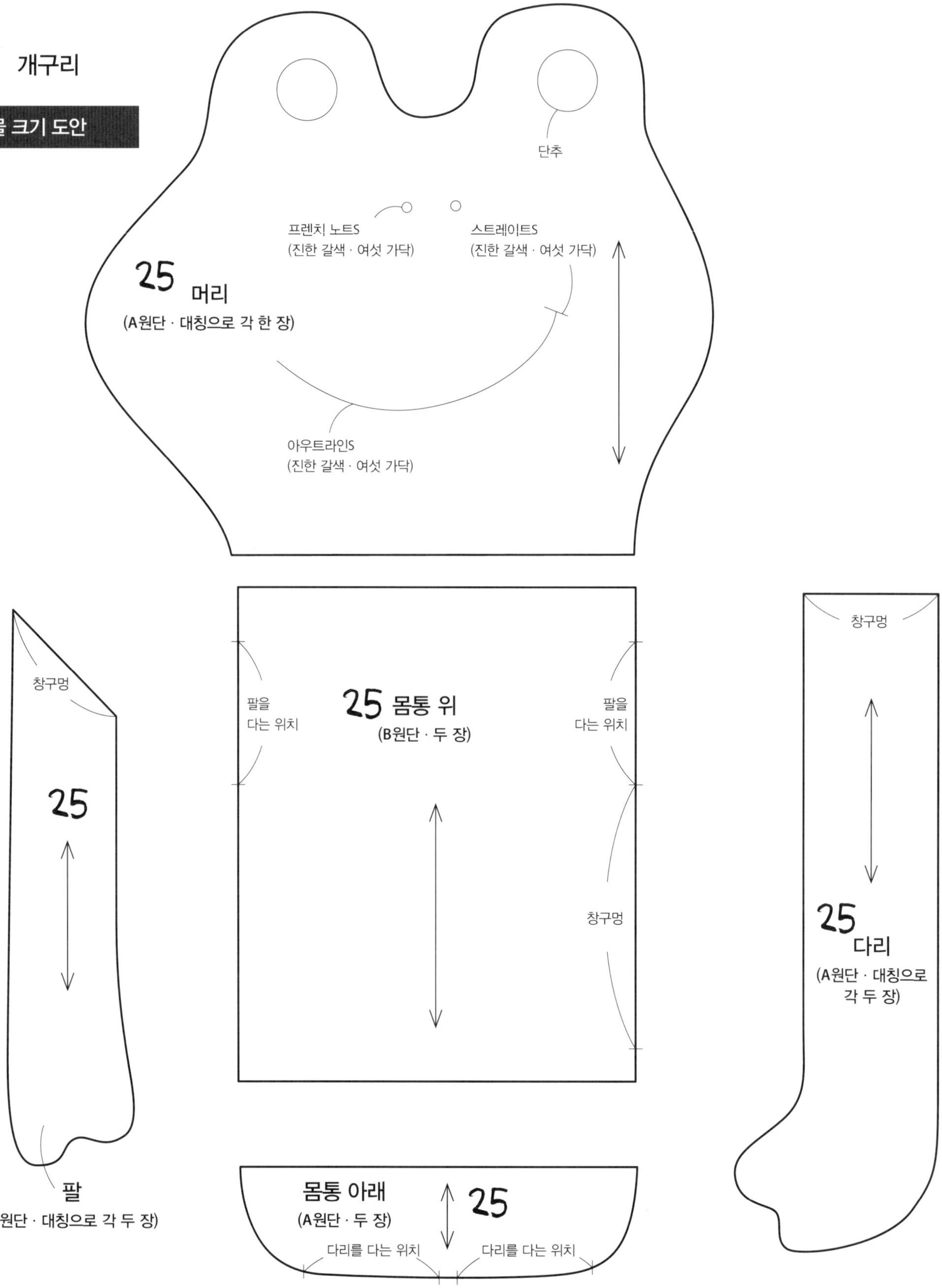

No. 26 · 27 엄마 고래와 아기 고래

26 재료
- A원단 (파란색 무지 면/등, 가슴지느러미, 등지느러미) 40cm 폭 35cm
- B원단 (파란색 줄무늬 면/배) 20cm 폭 30cm
- C원단 (감색 도트무늬 면/입) 15cm 폭 15cm
- 25번 자수실 (검은색)
- 방울솜 적당량

※ 자수 방법은 36페이지 참고

27 재료
- A원단 (파란색 무지 면/등, 가슴지느러미, 등지느러미) 30cm 폭 25cm
- B원단 (파란색 줄무늬 면/배) 15cm 폭 20cm
- C원단 (감색 도트무늬 면/입) 15cm 폭 10cm
- 25번 자수실 (검은색)
- 방울솜 적당량

※ 실물 크기 도안은 각 92, 94페이지

만드는 방법

1. 등지느러미를 바느질하고 솜을 채운다

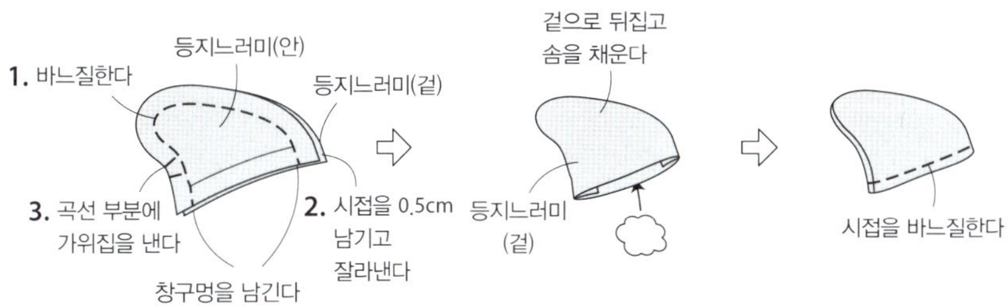

2. 등에 등지느러미를 임시로 고정한다

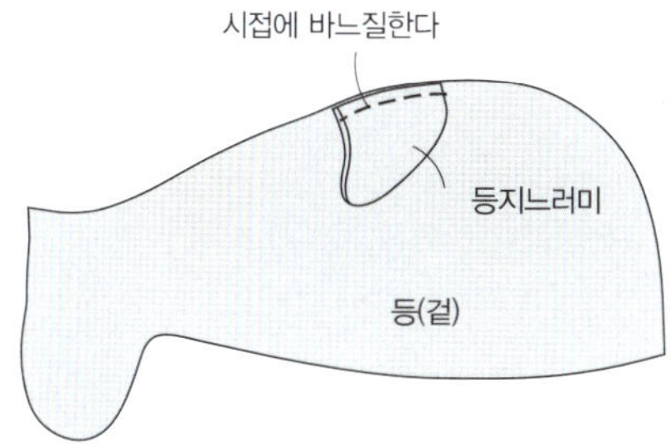

3. 가슴지느러미를 바느질하고 솜을 채운다

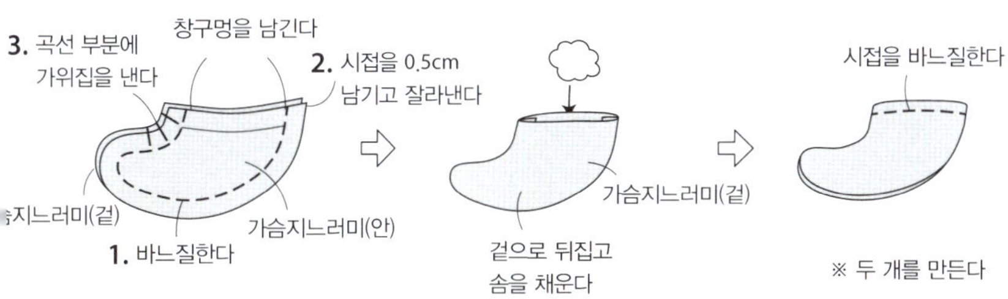

4. 배와 입을 바느질하고 가슴지느러미를 임시로 고정한다

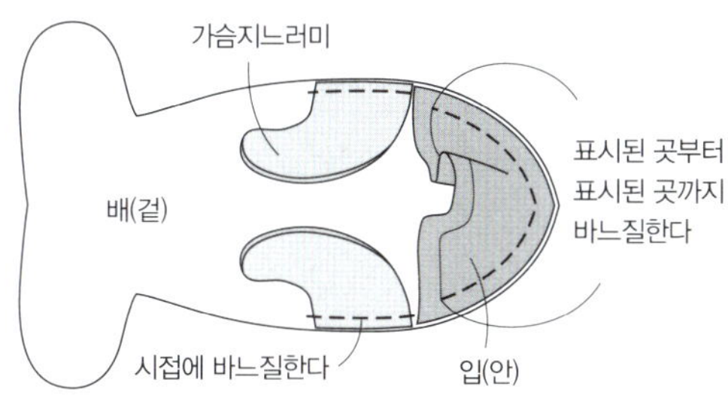

5. 등을 합쳐 바느질한다

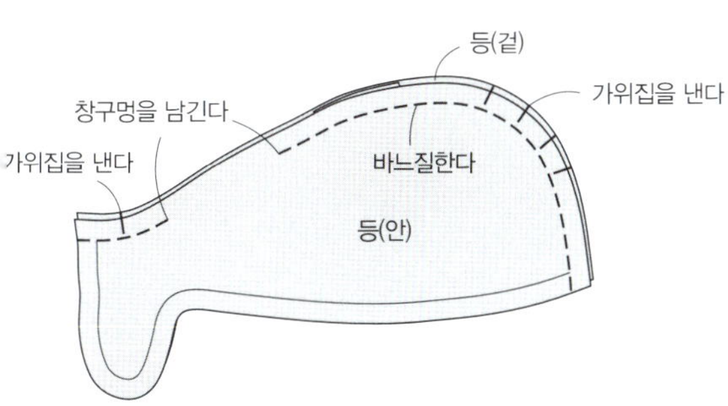

6. 등과 입을 연결한다

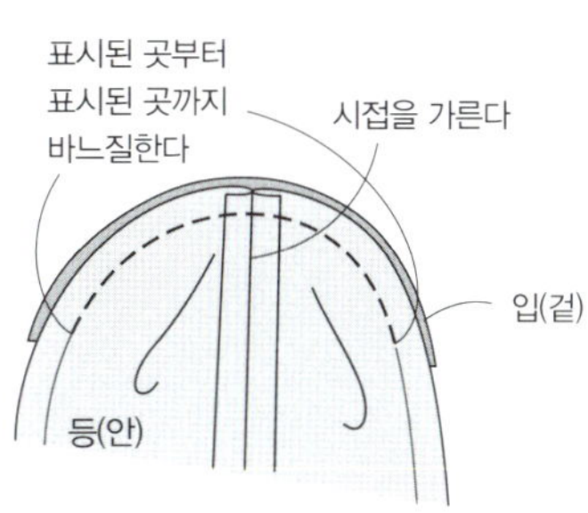

7. 입을 합쳐 바느질한다

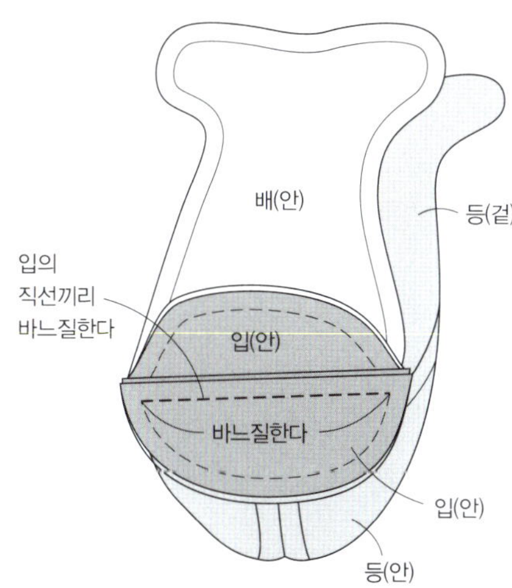

8. 등과 배를 합쳐 바느질한다

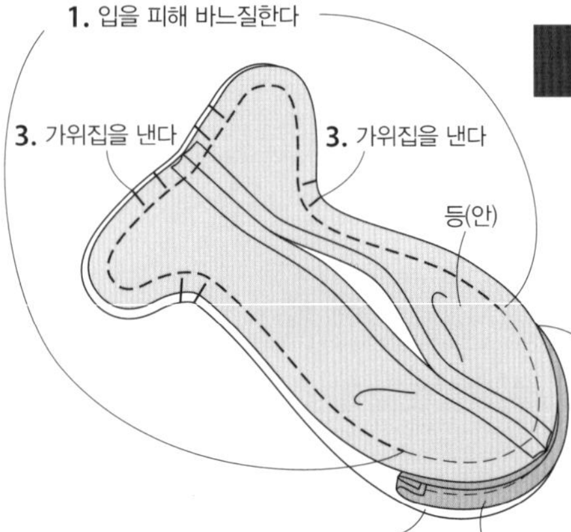

9. 겉으로 뒤집고 솜을 채운다

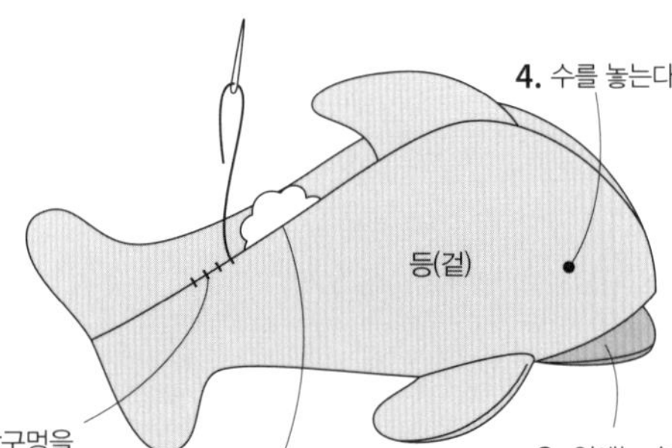

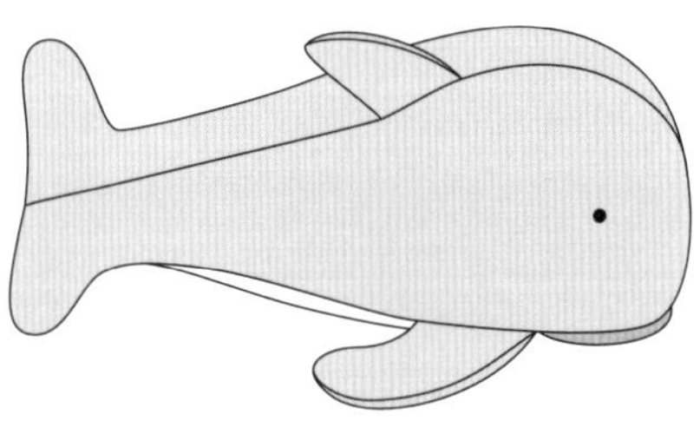

완성

No. 26 엄마 고래

실물 크기 도안

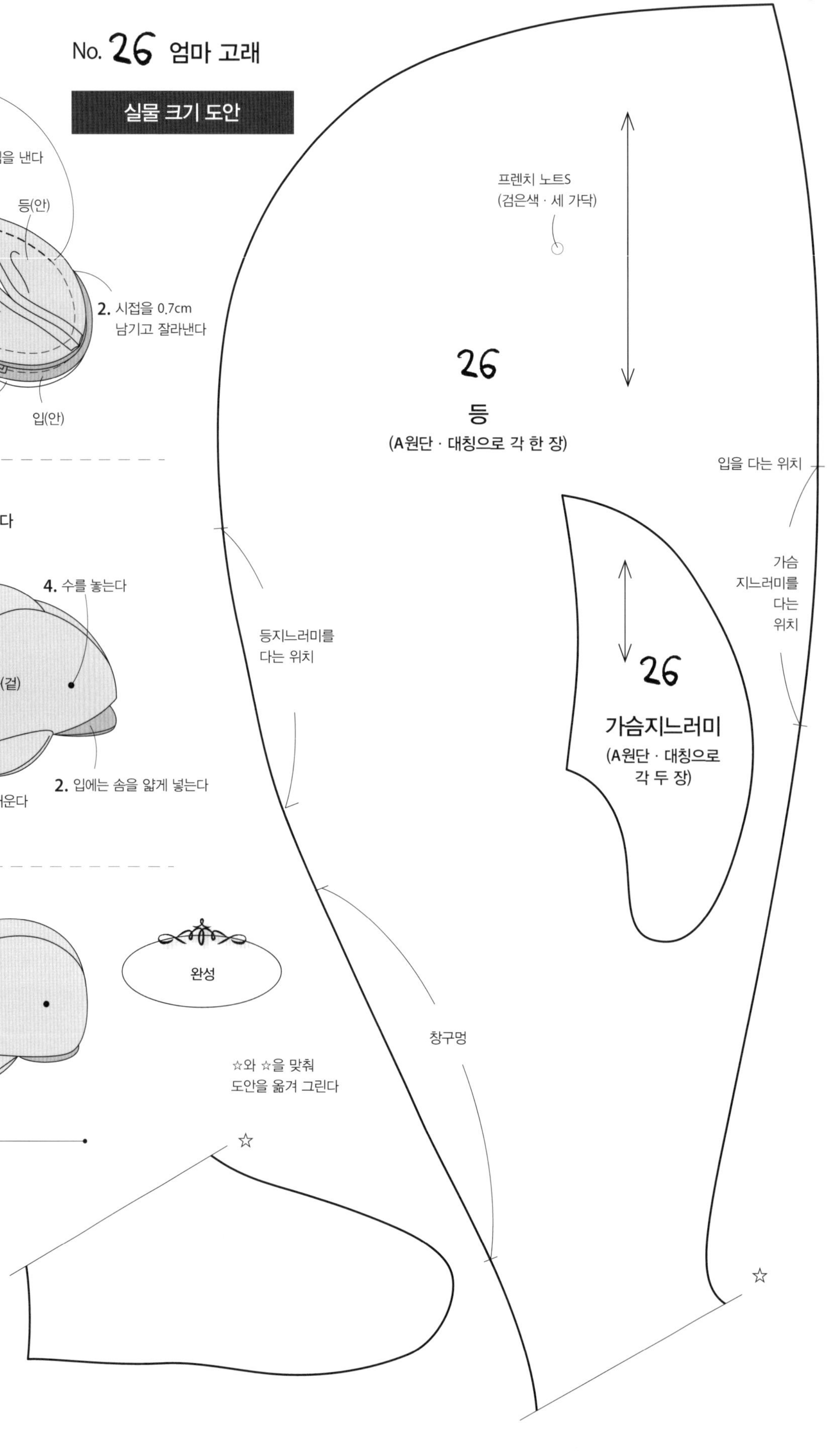

No. 26 엄마 고래

실물 크기 도안

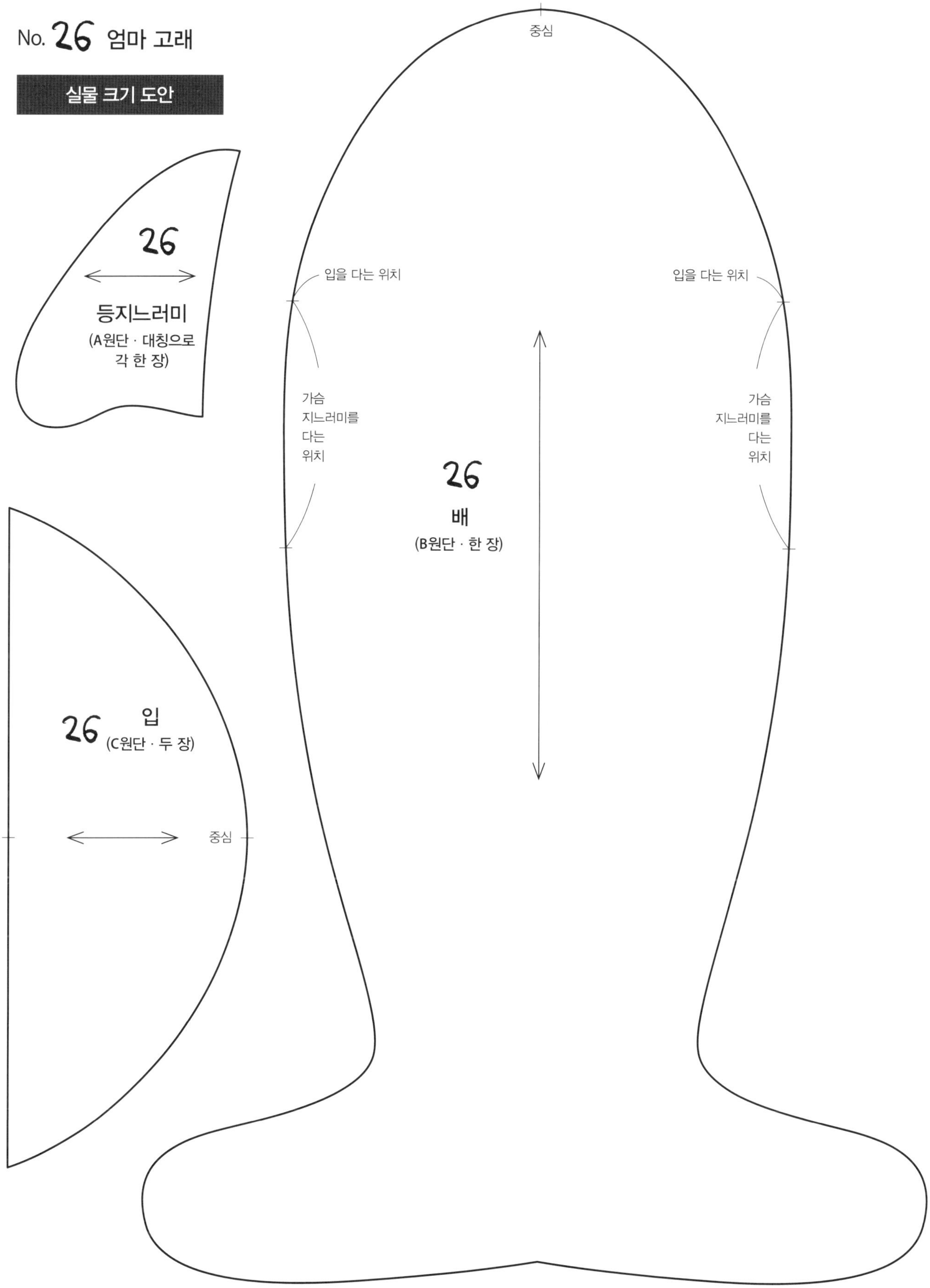

No. 27 아기 고래

실물 크기 도안

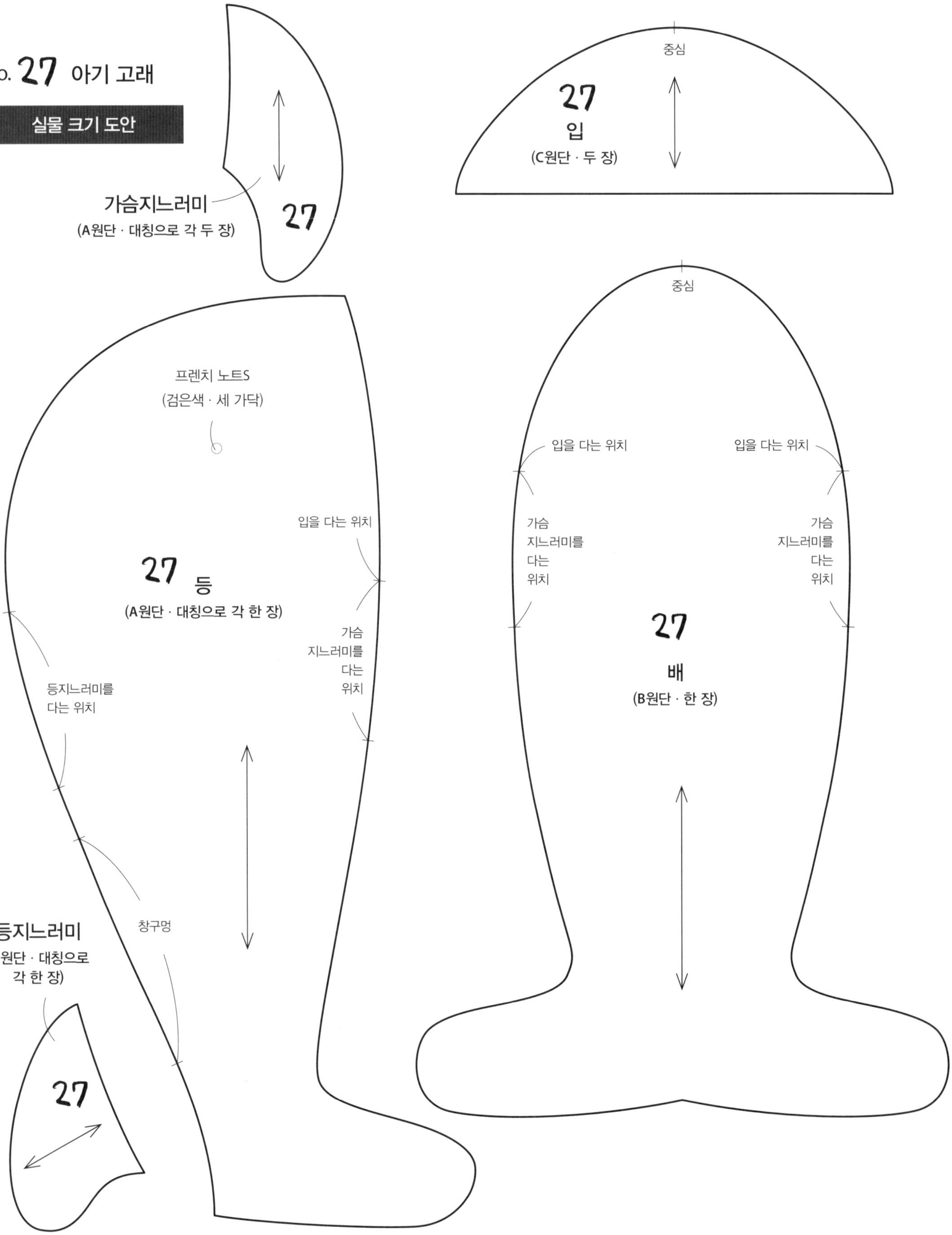

No. 28・29 아빠 펭귄과 아기 펭귄

28 재료

- A원단 (어두운 빨간색 저지/머리b, 뒷몸통, 날개a, 날개b) 40cm 폭 35cm
- B원단 (연한 노란색 무지 면/부리, 발) 20cm 폭 10cm
- C원단 (연한 갈색 무지 면/머리a) 10cm 폭 10cm
- D원단 (아이보리색 프린트 면/앞몸통a) 15cm 폭 25cm
- E원단 (진한 갈색 도트무늬 면/앞몸통b) 10cm 폭 25cm
- 25번 자수실 (검은색, 연한 노란색)
- 방울솜 적당량

※ **자수 방법은 36페이지 참고**

※ **실물 크기 도안은 각 96, 98페이지**

29 재료

- A원단 (회색 무늬 저지/머리b, 앞몸통b, 뒷몸통, 날개a, 날개b) 20cm 폭 30cm
- B원단 (연한 노란색 무지 면/부리, 발) 15cm 폭 10cm
- C원단 (검은색 체크무늬 플란넬/머리a) 8cm 폭 8cm
- D원단 (회색 도트무늬 기모 저지/앞몸통a) 10cm 폭 20cm
- 25번 자수실 (검은색, 연한 노란색)
- 방울솜 적당량

만드는 방법

1. 날개를 바느질한다

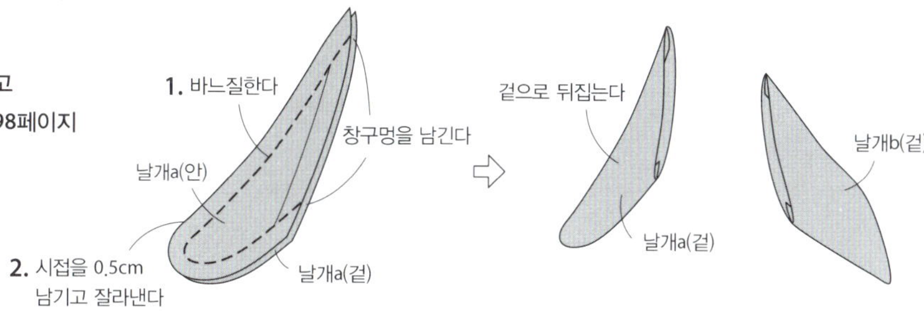

2. 부리를 만든다

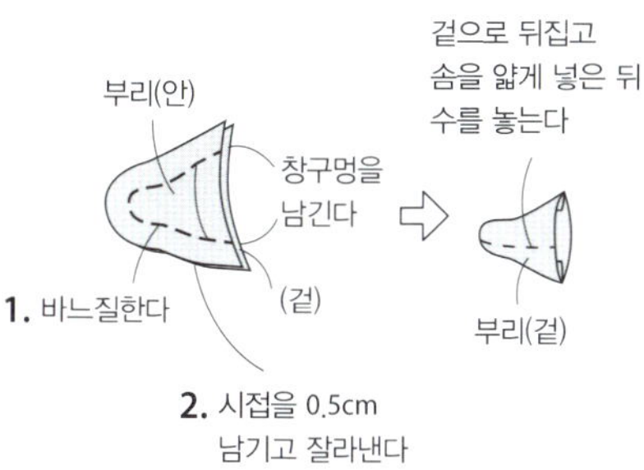

3. 발을 바느질하고 솜을 채운다

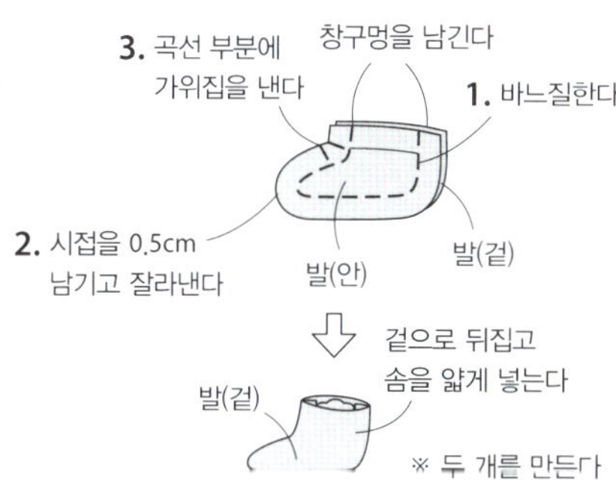

4. 머리a와 머리b를 바느질한다

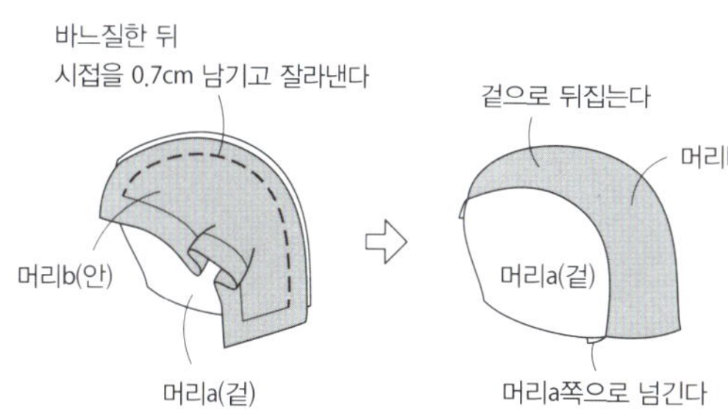

5. 앞몸통을 바느질한다

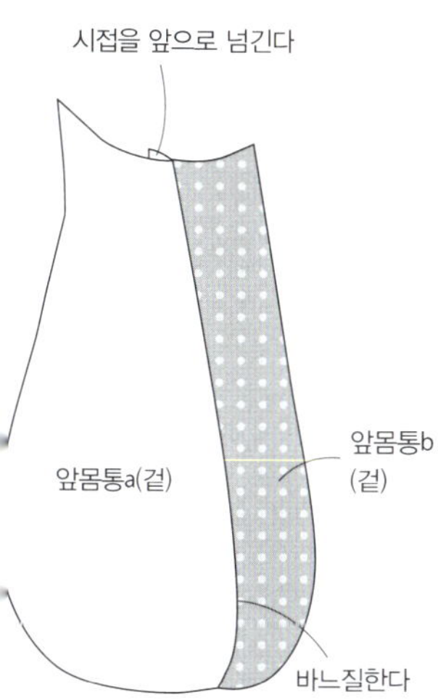

6. 머리와 몸통을 연결하고 부리, 날개, 발을 임시로 고정한다

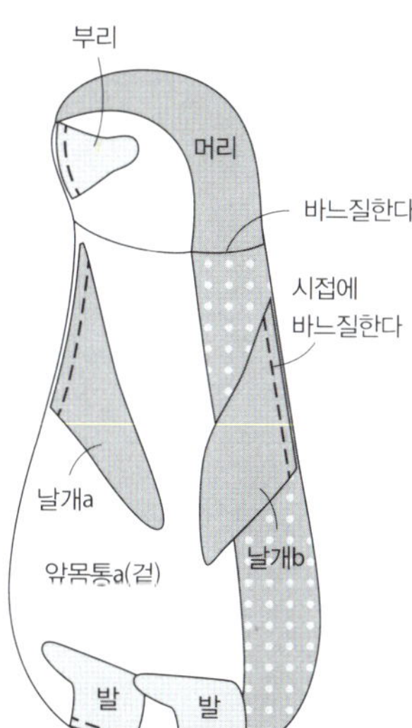

7. 앞과 뒤를 합치고 완성선을 따라 바느질한다

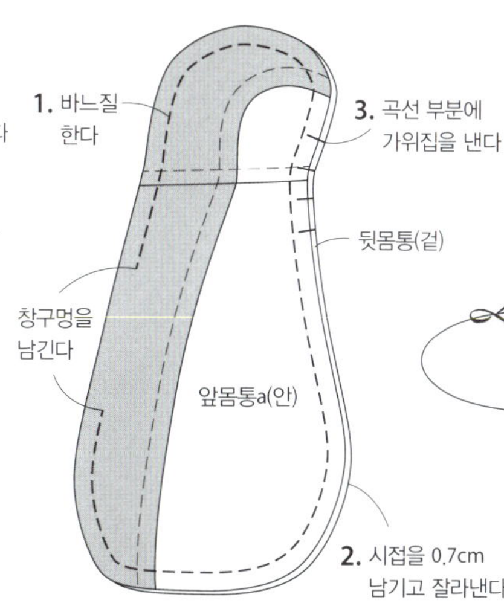

8. 겉으로 뒤집고 솜을 채운다

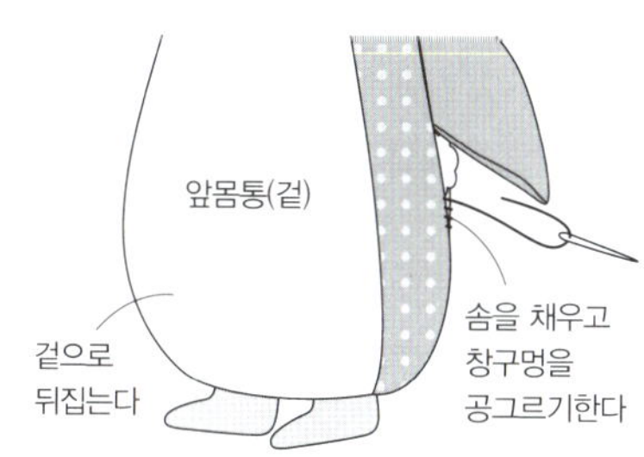

No. 28 아빠 펭귄

실물 크기 도안

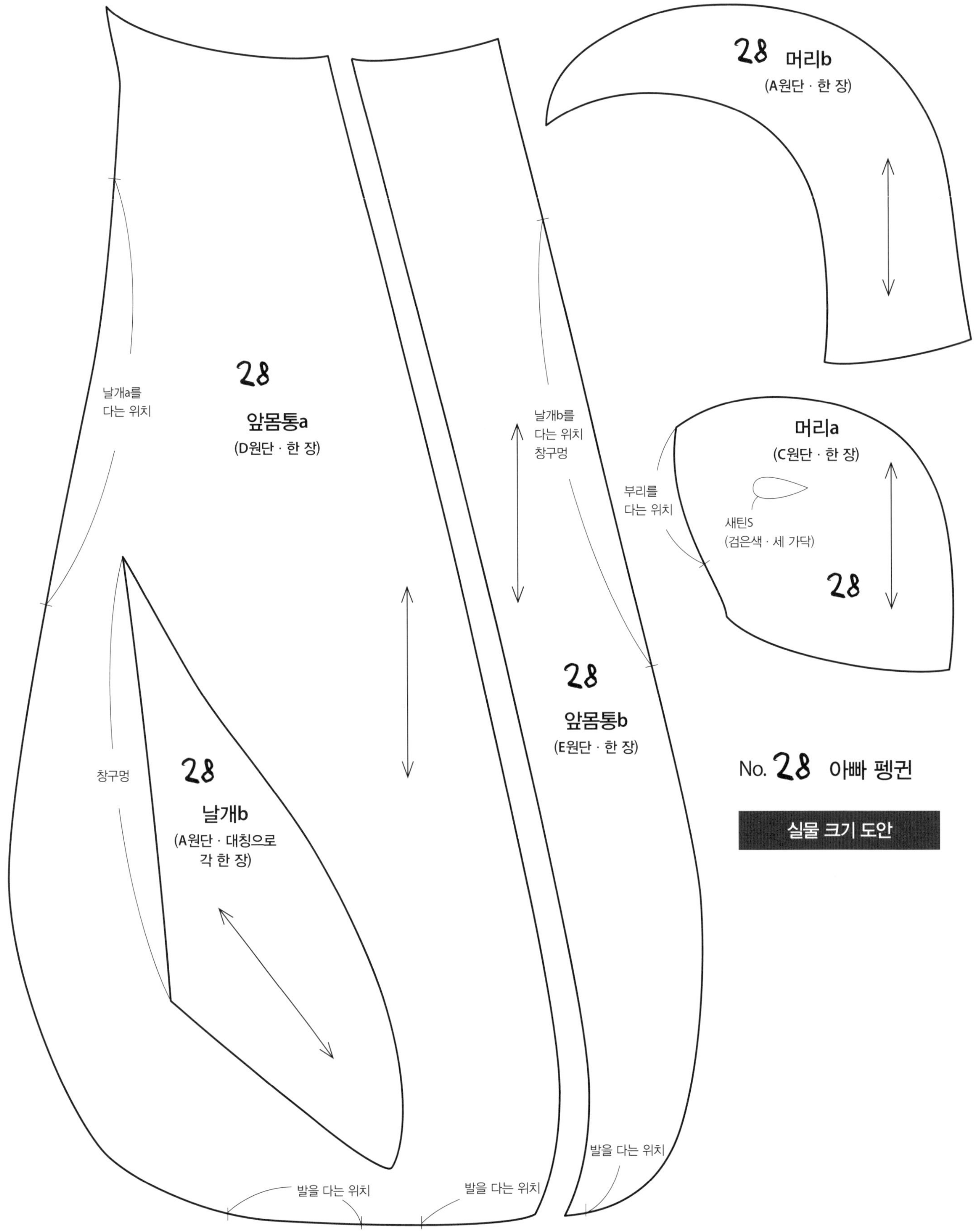

No. 28 아빠 펭귄

실물 크기 도안

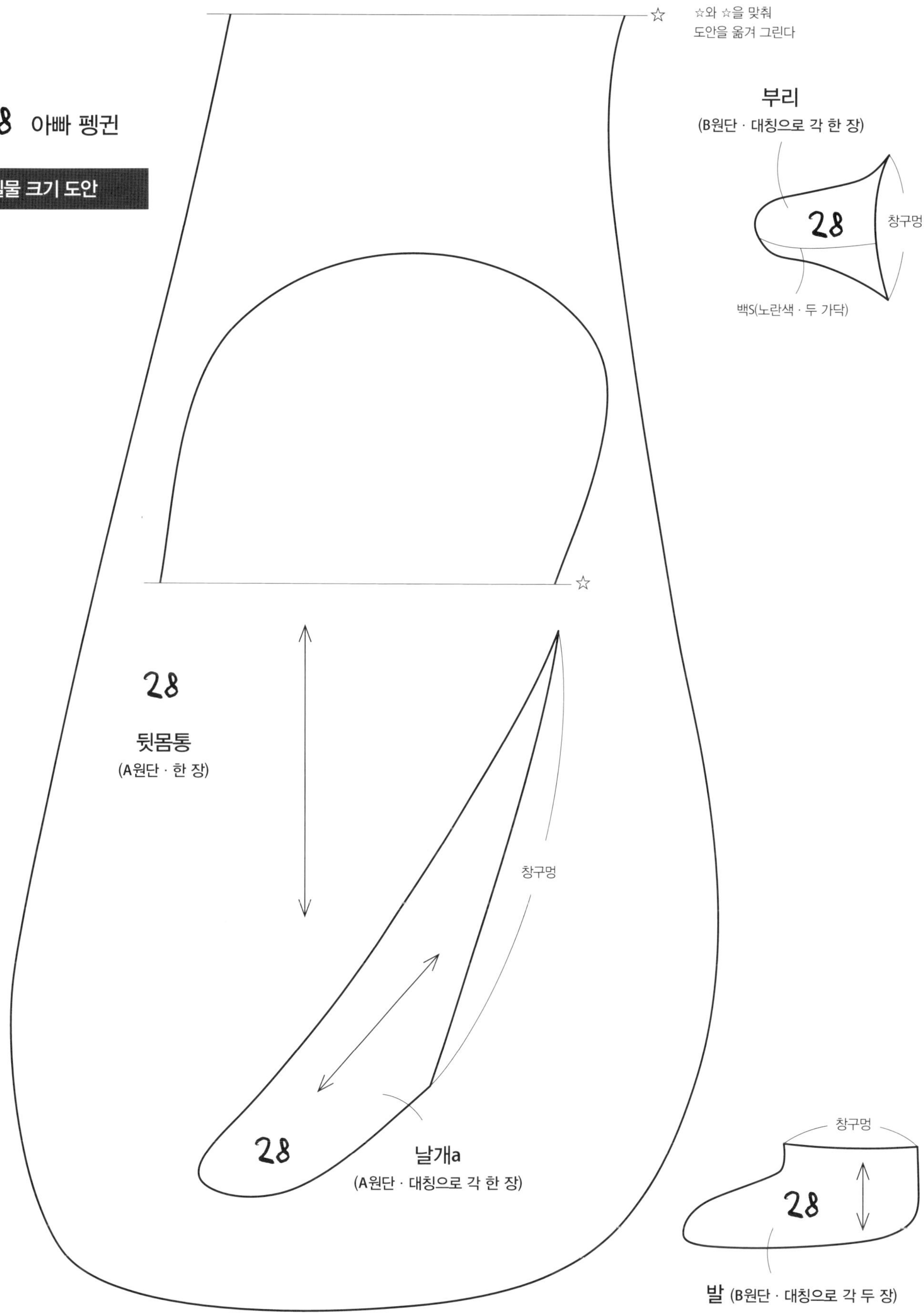

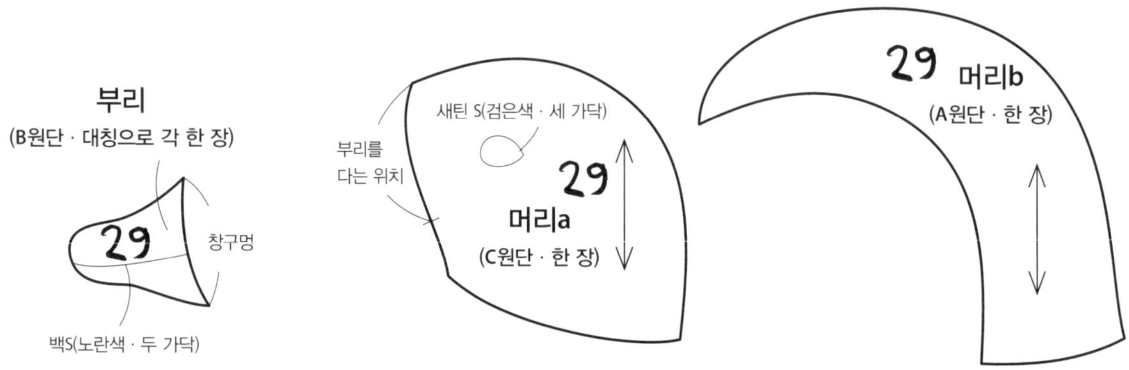

No. 29 아기 펭귄

실물 크기 도안

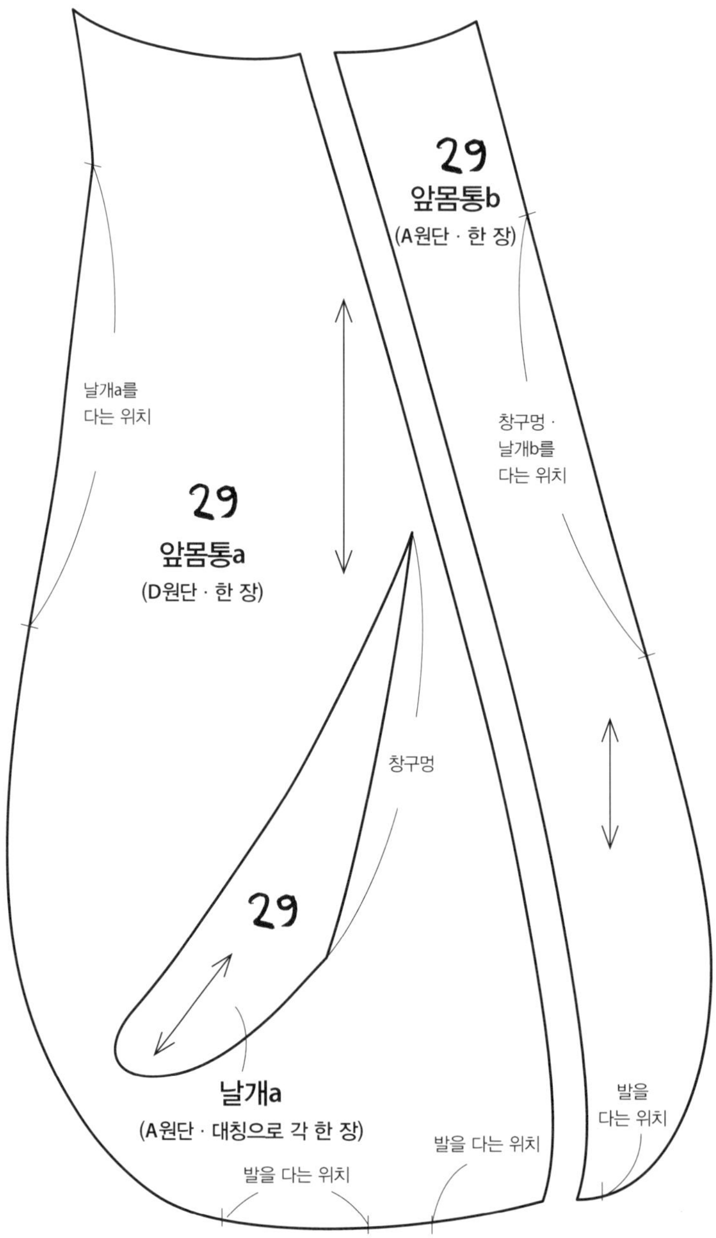

No. 29 아기 펭귄

실물 크기 도안

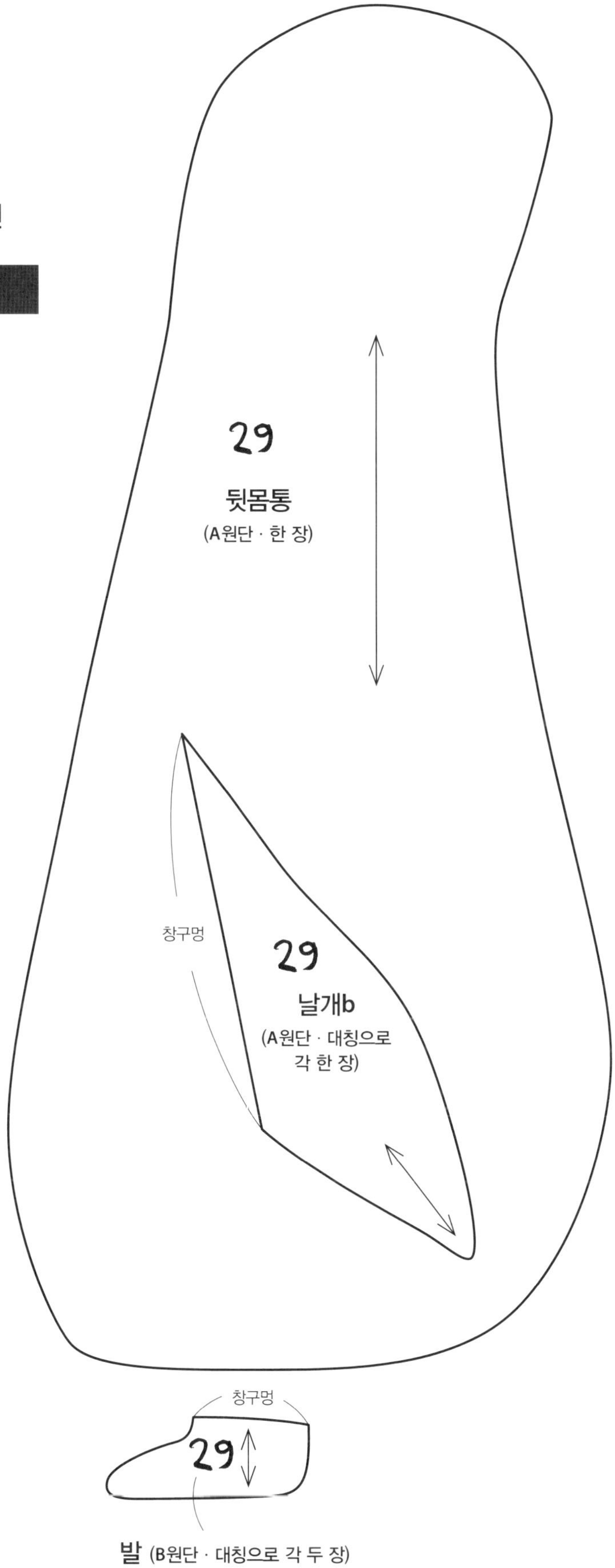

유럽풍 애착 솜인형 만들기

초판인쇄 2024년 06월 28일
초판발행 2024년 06월 28일

지은이 부티크사
옮긴이 일본콘텐츠전문번역팀
발행인 채종준

출판총괄 박능원
국제업무 채보라
책임번역 김예진
책임편집 구현희
디자인 홍은표
마케팅 전예리 · 조희진 · 안영은
전자책 정담자리

브랜드 크루
주소 경기도 파주시 회동길 230 (문발동)
투고문의 ksibook13@kstudy.com

발행처 한국학술정보(주)
출판신고 2003년 9월 25일 제406-2003-000012호
인쇄 북토리

ISBN 979-11-7217-352-4 13630

크루는 한국학술정보(주)의 자기계발, 취미, 예술 등 실용도서 출판 브랜드입니다.
크고 넓은 세상의 이로운 정보를 모아 독자와 나눈다는 의미를 담습니다.
오늘보다 내일 한 발짝 더 나아갈 수 있도록, 삶의 원동력이 되는 책을 만들고자 합니다.